LE

CAPITAINE ARÉNA.

Extrait du Catalogue de DOLIN, Libraire.

LIVRES DE FONDS.

ŒUVRES DE CHARLES NODIER.

	fr.	c.	fr.	c.
12 volumes, belle édition in-8.................	85	»	57	50
JEAN SBOGAR, 1 vol........................	7	50	5	»
LE PEINTRE DE SALTZBOURG. — ADÈLE. — THÉRÈSE AUBERT, 1 vol.................	7	50	5	»
SMARRA. — TRILBY. — LES TRISTES. — HÉLÈNE GILLET, 1 vol.....................	7	50	5	»
LA FÉE AUX MIETTES, roman imaginaire, 1 vol..	7	50	5	»
RÊVERIES, 1 vol............................	7	50	5	»
MADEMOISELLE DE MARSAN, 1 vol...........	7	50	5	»

Nota. *Mademoiselle de Marsan* ne se vend pas séparément de la collection.

LE DERNIER BANQUET DES GIRONDINS, 1 vol.	7	50	5	»
SOUVENIRS ET PORTRAITS, 1 vol............	7	50	5	»
NOUVEAUX SOUVENIRS ET PORTRAITS, 1 vol.	7	50	5	»
SOUVENIRS DE JEUNESSE, 1 vol..............	7	50	5	»
LE DERNIER CHAPITRE de mon Roman, 1/2 vol..	3	»	2	50
CONTES en prose et en vers, 1 vol.............	7	50	5	»

ALPHONSE KARR.
(Ce qu'il y a dans une bouteille d'encre.)

GENEVIÈVE (1re livraison), 2 vol. in-8.........	15	»	10	»
CLOTILDE (2e livraison), 2 vol. in-8...........	15	»	10	»

ŒUVRES DE Mme J. D'ABRANTÈS.

LES DEUX SOEURS, 2 vol. in-8................	15	»	10	»
BLANCHE, roman intime, 2 vol. in-8...........	15	»	10	»
LA DUCHESSE DE VALOMBRAY, 2 vol. in-8.....	15	»	10	»
ÉTIENNE SAULNIER, 2 vol. in-8...............	15	»	10	»
LA VALLÉE DES PYRÉNÉES, 2 vol. in-8........	15	»	10	»
RAPHAEL, 2 vol. in-8.......................	15	»	10	»

TOUCHARD-LAFOSSE.

CHRONIQUES DES TUILERIES ET DU LUXEMBOURG, physiologie des Cours modernes, 6 v. in-8.	45	»	18	»
LES RÉVERBÈRES, chroniques de nuit du vieux et du nouveau Paris, 6 vol...................	45	»	18	»
SOUVENIRS d'un demi-siècle, 6 vol. in-8........	45	»	18	»
LE PÉCHÉ ORIGINEL, par Jules David, 2 vol. in-8.	15	»	10	»
JEHANNE LA PUCELLE, par Alex. Dumas, 1 v. in-8.	7	50	5	50

— IMPRIMÉ PAR BÉTHUNE ET PLON. —

LE CAPITAINE
ARÉNA.

Par ALEX. DUMAS.

TOME SECOND.

BÉTHUNE, ÉDITEUR.

PARIS.
DOLIN, LIBRAIRE-COMMISSIONNAIRE,
QUAI DES AUGUSTINS, 47.

M DCCC XLII.

LE
CAPITAINE ARÉNA.

CHAPITRE X.

LE PROPHÈTE.

En arrivant à bord nous trouvâmes le pilote assis, selon son habitude, au gouvernail, quoique le bâtiment fût à l'ancre, et que par conséquent il n'eût rien à faire à cette place. Au bruit que nous fîmes en remontant à bord, il éleva sa tête au-dessus de la cabine et fit signe au capitaine qu'il avait quelque chose à lui dire. Le capitaine, qui partageait la déférence que chacun avait pour Nunzio, passa aussitôt à l'arrière.

La conférence dura dix minutes à peu près; pendant ce temps les matelots de leur côté s'étaient réunis entre eux et formaient un groupe qui paraissait assez préoccupé; nous crûmes qu'il était question de l'aventure de Scylla, et nous ne fîmes pas autrement attention à ces symptômes d'inquiétude.

Au bout de ces dix minutes le capitaine reparut et vint droit à nous.

— Est-ce que leurs excellences tiennent toujours à partir demain? nous demanda-t-il.

— Mais, oui, si la chose est possible, répondis-je.

— C'est que le vieux dit que le temps va changer, et que nous aurons le vent contraire pour sortir du détroit.

— Diable! fis-je, est-ce qu'il en est bien sûr?

— Oh! dit Pietro, qui s'était approché de nous avec tout l'équipage, si le vieux l'a dit, dame! c'est l'Évangile. L'a-t-il dit, capitaine?

— Il l'a dit, répondit gravement celui auquel la question était adressée.

— Ah! nous avions bien vu qu'il y avait quelque chose sous jeu; il avait la mine toute gendarmée : n'est-ce pas, les autres?

Tout l'équipage fit un signe de tête qui indiquait que, comme Pietro, chacun avait remarqué la préoccupation du vieux prophète.

— Mais, demandai-je, est-ce que lorsque ce vent souffle il a l'habitude de souffler longtemps?

— Dame! dit le capitaine, huit jours, dix jours; quelquefois plus, quelquefois moins.

— Et alors on ne peut pas sortir du détroit?

— C'est impossible.

— Vers quelle heure le vent soufflera-t-il?

— Eh! vieux! dit le capitaine.

— Présent, dit Nunzio en se levant derrière sa cabine.

— Pour quelle heure le vent?

Nunzio se retourna, consulta jusqu'au plus petit nuage du ciel; puis se retournant de notre côté :

— Capitaine, dit-il, ce sera pour ce soir, entre huit et neuf heures, un instant après que le soleil sera couché.

— Ce sera entre huit et neuf heures, répéta le capitaine avec la même assurance que si c'eût été Matthieu Lænsberg ou Nostradamus qui lui eût adressé la réponse qu'il nous transmettait.

— Mais, en ce cas, demandai-je au capitaine, ne pourrait-on sortir tout de suite? nous nous trouverions alors en pleine mer; et, pourvu que nous arrivions à gagner le Pizzo, c'est tout ce que je demande.

— Si vous le voulez absolument, répondit directement le pilote, on tâchera.

— Eh bien, tâchez-donc alors.

— Allons, allons, dit le capitaine : on part! Chacun à son poste.

En un instant, et sans faire une seule observation, tout le monde fut à la besogne; l'ancre fut levée, et le bâtiment, tournant lentement son beaupré vers le cap Pelore, commença de se mouvoir sous l'effort de quatre avirons : quant aux voiles, il n'y fallait pas songer, pas un souffle de vent ne traversait l'espace.

Cependant il était évident que, quoique notre équipage eût obéi sans réplique à l'ordre donné, c'était à contre-cœur qu'il se mettait en route; mais, comme cette espèce de nonchalance pouvait bien venir aussi du regret que chacun avait de s'éloigner de sa femme ou de sa maîtresse, nous n'y fîmes pas grande attention, et nous continuâmes d'espérer que Nunzio mentirait cette fois à son infaillibilité ordinaire.

Vers les quatre heures, nos matelots, qui peu à peu, et tout en dissimulant cette intention, s'étaient rapprochés des côtes de Sicile, se trouvèrent à un demi-quart de lieue à peu près du village de La Pace; alors femmes et enfants sortirent et commencèrent à encombrer la côte. Je vis bien quel était le but de cette manœuvre, attribuée simplement au courant, et j'allai au-devant du désir de ces braves gens en les autorisant, non pas à débarquer, ils ne le pouvaient pas sans patente, mais à s'approcher du rivage à une assez faible distance pour que partants et restants pussent se faire encore une fois leurs adieux. Ils profitèrent de la permission, et en une vingtaine de coups de rames ils se trouvèrent à portée de la voix. Au bout d'une demi-heure de conversation le capitaine rappela le premier que nous n'avions pas de temps à perdre : on fit voler les mouchoirs et sauter les chapeaux, comme cela se pratique en pareille circonstance, et l'on se mit en route toujours ramant ; pas un souffle d'air ne se faisait sentir, et, au contraire, le temps devenait de plus en plus lourd.

Comme cette disposition atmosphérique me portait tout naturellement au sommeil, et que j'avais si long-temps vu et si souvent revu le double rivage de la Sicile et de la Calabre que je n'avais plus grande curiosité pour lui, je laissai Jadin fumant sa pipe sur le pont, et j'allai me coucher.

Je dormais depuis trois ou quatre heures à peu près, et tout en dormant je sentais instinctivement qu'il se passait autour de moi quelque chose d'étrange, lorsqu'enfin je fus complétement réveillé par le bruit des matelots courant au-dessus de ma tête et par le cri bien connu de : Burrasca! burrasca! J'essayai de me mettre sur mes genoux, ce qui ne me fut pas chose facile, relativement au mouvement d'oscillation imprimé au bâtiment; mais enfin j'y parvins, et, curieux de savoir ce qui se passait, je me traînai jusqu'à la porte de derrière de la cabine, qui donnait sur l'espace réservé au pilote. Je fus bientôt au fait : au moment où je l'ouvrais, une vague qui demandait à entrer juste au moment où je voulais sortir m'attrapa en pleine poitrine, et m'envoya bientôt à trois pas en arrière, couvert d'eau et d'écume. Je me relevai, mais il y avait inondation complète dans la cabine; j'appelai Jadin pour qu'il m'aidât à sauver nos lits du déluge.

Jadin accourut accompagné du mousse qui portait une lanterne, tandis que Nunzio, qui avait l'œil à tout, tirait à lui la porte de la cabine, afin qu'une seconde vague ne submergeât point tout à fait notre établissement. Nous roulâmes aussitôt nos matelas, qui heureusement, étant de cuir, n'avaient point eu le temps de prendre l'eau. Nous les plaçâmes sur des tréteaux qui les élevaient au-dessus des eaux comme l'esprit de Dieu; nous suspendîmes nos draps et nos couvertures aux porte-manteaux qui garnissaient les parois intérieures de notre chambre à coucher; puis, laissant à notre mousse le soin d'éponger les deux pouces de liquide au milieu duquel nous barbotions, nous gagnâmes le pont.

Le vent s'était levé comme l'avait dit le pilote et à l'heure qu'il avait dit, et, selon sa prédiction, nous était tout à fait contraire. Néanmoins, comme nous étions parvenus à sortir du détroit, nous étions plus à l'aise, et nous courions des bordées dans l'espérance de gagner un peu de chemin; mais il résultait de cette manœuvre que la mer nous battait en plein travers, et que de temps en temps le bâtiment s'inclinait tellement que le bout de nos vergues trempait dans la mer. Au milieu de toute cette bagarre et sur un plan incliné comme un toit, nos matelots couraient de l'avant en arrière avec une célérité à laquelle nous autres, qui ne pouvions nous tenir en place qu'en nous cramponnant de toutes nos forces, ne comprenions véritablement rien. De temps en temps le cri burrasca! burrasca! retentissait de nouveau; aussitôt on abattait toutes les voiles, on faisait tourner le speronare, le beaupré dans le vent, et l'on attendait. Alors le vent arrivait bruissant, et, chargé de pluie, sifflait à travers nos mâts et nos cordages dépouillés, tandis que les vagues, prenant notre speronare en dessous, le faisaient bondir comme une coquille de noix. En même temps, à la lueur de deux ou trois éclairs qui accompagnaient chaque bourrasque, nous apercevions, selon que nos bordées nous avaient rapprochés des uns ou des autres, ou les rivages de la Calabre, ou ceux de la Sicile; et cela toujours à la même distance : ce qui prouvait que nous ne faisions pas grand chemin. Au reste, notre petit bâtiment se comportait à merveille et faisait des efforts inouïs pour nous donner raison contre la pluie, la mer et le vent.

Nous nous obstinâmes ainsi pendant trois ou quatre heures, et pendant ces trois ou quatre heures, il faut le dire, nos matelots n'élevèrent pas une récrimination contre la volonté qui les mettait aux prises avec l'impossibilité même. Enfin, au bout de ce temps, je demandai combien nous avions fait de chemin depuis que nous courions des bordées; il y avait de cela cinq ou six heures. Le pilote nous répondit tranquillement que nous avions fait une demi-lieue. Je m'informai alors combien de temps pourrait durer la bourrasque, et j'appris que, selon toute probabilité, nous en aurions encore pour trente-six ou quarante heures. En supposant que nous continuassions à conserver sur le vent et la mer le même avantage, nous pouvions faire à peu près huit lieues en deux jours : le gain ne valait pas la fatigue, et je prévins le capitaine que, s'il voulait rentrer dans le détroit, nous renoncions momentanément à aller plus avant.

Cette intention pacifique était à peine formulée par moi que, transmise immédiatement à Nunzio, elle fut à l'instant même connue de tout l'équipage. Le speronare tourna sur lui-même comme par enchantement; la voile latine et la voile de foc se déployèrent dans l'ombre, et le petit bâtiment, tout tremblant encore de sa lutte, partit vent arrière avec la rapidité d'un cheval de course. Dix minutes après, le mousse vint nous dire que si nous voulions rentrer dans notre cabine elle était parfaitement séchée, et que nous y retrouverions nos lits, qui nous attendaient dans le meilleur état possible. Nous ne nous le fîmes pas redire deux fois, et, tranquilles désormais sur la bourrasque devant laquelle nous marchions en courriers, nous nous endormîmes au bout de quelques instants.

Nous nous réveillâmes à l'ancre, juste à l'endroit dont nous étions partis la veille : il ne tenait qu'à nous de croire que nous n'avions pas bougé de place, mais que seulement nous avions eu un sommeil un peu agité.

Comme la prédiction de Nunzio s'était réalisée de point en point, nous nous approchâmes de lui avec une vénération encore plus grande que d'habitude pour lui demander de nouvelles centuries à l'endroit du temps. Ses prévisions n'étaient pas consolantes : à son avis, le temps était complétement dérangé pour huit ou dix jours; et il y avait même dans l'air quelque chose de fort étrange, et qu'il ne comprenait pas bien. Il résultait donc des observations atmosphériques de Nunzio que nous étions cloués à San-Giovanni pour une semaine au moins. Quant à renouveler l'essai que nous venions de faire et qui nous avait si médiocrement réussi, il ne fallait pas même le tenter.

Notre parti fut pris à l'instant même. Nous déclarâmes au capitaine que nous donnions six jours au vent pour se décider à passer du nord au sud-est, et que si au bout de ce temps il ne s'était pas décidé à faire sa *saute*, nous nous en irions tranquillement par terre, à travers plaines et montagnes, notre fusil sur l'épaule, et tantôt à pied, tantôt à mulets;

pendant ce temps le vent finirait probablement par changer de direction, et notre speronare, profitant du premier souffle favorable, nous retrouverait au Pizzo.

Rien ne met le corps et l'âme à l'aise comme une résolution prise, fût-elle exactement contraire à celle que l'on comptait prendre. A peine la nôtre fut-elle arrêtée que nous nous occupâmes de nos dispositions locatives. Les auberges de San-Giovanni, comme on le comprend bien, étaient plus que médiocres; pour rien au monde je n'aurais voulu remettre le pied à Messine. Nous décidâmes donc que nous demeurerions sur notre speronare; en conséquence on s'occupa à l'instant même de le tirer à terre, afin que nous n'eussions pas même à supporter l'ennuyeux clapotement de la mer, qui dans les mauvais temps se fait sentir jusqu'au milieu du détroit. Chacun se mit à l'œuvre, et au bout d'une heure le speronare, comme une carène antique, était tiré sur le sable du rivage, étayé à droite et à gauche par deux énormes pieux, et orné à son babord d'une échelle à l'aide de laquelle on communiquait de son pont à la terre ferme. En outre, une tente fut établie de l'arrière au grand mât, afin que nous pussions nous promener, lire ou travailler à l'abri du soleil et de la pluie. Moyennant ces petites préparations, nous nous trouvâmes avoir une demeure infiniment plus confortable que ne l'eût été la meilleure auberge de San-Giovanni.

Le temps que nous avions à passer ainsi ne devait point être perdu : Jadin avait ses croquis à repasser; et moi, pendant mes longues rêveries nocturnes sous ce beau ciel de la Sicile, j'avais à peu près arrêté le plan de mon drame de *Paul Jones*, dont il ne me restait plus que quelques caractères à mettre en relief et quelques scènes à compléter. Je résolus donc de profiter de cette espèce de quarantaine pour achever ce travail préparatoire, qui devait recevoir à Naples son exécution, et dès le soir même je me mis à l'œuvre.

Le lendemain, le capitaine nous demanda pour lui et ses gens la permission d'aller au village de La Pace pendant tout le temps que le vent soufflerait du nord; deux hommes resteraient constamment à bord pour nous servir et se relaieraient tous les deux jours. La permission fut accordée à ces conditions.

Le vent était constamment contraire, ainsi que l'avait prédit Nunzio; et cependant le temps, après avoir été deux nuits et un jour à la bourrasque, était redevenu assez beau. La lune était dans son plein et se levait chaque soir derrière les montagnes de la Calabre; puis elle venait faire du détroit un lac d'argent, et de Messine une de ces villes fantastiques comme en rêve le burin poétique de Martyn. C'était ce moment-là que je choisissais de préférence pour travailler; et, selon toute probabilité, c'est au calme de ces belles nuits siciliennes que le caractère du principal héros de mon drame a dû le cachet religieux et rêveur qui a, plus que les scènes dramatiques peut-être, décidé du succès de l'ouvrage.

Au bout de six jours, le vent soutenait le défi et n'avait pas changé. Ne voulant rien changer à notre décision, nous résolûmes donc de partir le matin du septième, et nous fîmes dire au capitaine de revenir pour arrêter un itinéraire avec nous. Non-seulement le capitaine revint, mais encore il ramena tout l'équipage; les braves gens n'avaient pas voulu nous laisser partir sans prendre congé de nous. Vers les trois heures, nous les vîmes en conséquence arriver dans la chaloupe. Aussitôt je donnai l'ordre à Giovanni de se procurer tout ce qu'il pourrait réunir de vivres, et à Philippe, qui était de garde avec lui, de préparer sur le pont une table monstre; quant au dessert, je me doutais bien que nous n'aurions pas besoin de nous en occuper, attendu que chaque fois que nos matelots revenaient du village ils rapportaient toujours avec eux les plus beaux fruits de leurs jardins.

Quoique pris au dépourvu, Giovanni se tira d'affaire avec son habileté ordinaire : au bout d'une heure et demie, nous avions un dîner fort confortable. Il est vrai que nous avions affaire à des convives indulgents.

Après le dîner, auquel assista une partie de

la population de San-Giovanni, on enleva les tables et on parla de danser la tarentelle. J'eus alors l'idée d'envoyer Pietro par le village afin de recruter deux musiciens, un flûteur et un joueur de guitare : un instant après j'entendis mes instrumentistes qui s'approchaient, l'un en soufflant dans son flageolet, l'autre en raclant sa viole ; le reste du village les suivait. Pendant ce temps, Giovanni avait préparé une illumination générale ; en cinq minutes le speronare fut resplendissant.

Alors je priai le capitaine d'inviter ses connaissances à monter sur le bâtiment : en un instant nous eûmes à bord une vingtaine de danseurs et de danseuses. Nous juchâmes nos musiciens sur la cabine, nous plaçâmes à l'avant une table couverte de verres et de bouteilles, et le raout commença, à la grande joie des acteurs et même des spectateurs.

La tarentelle, comme on se le rappelle, était le triomphe de Pietro : aussi aucun des danseurs calabrais n'essaya-t-il de lui disputer le prix. On parlait bien tout bas d'un certain

Agnolo qui, s'il était là, disait-on, soutiendrait à lui seul l'honneur de la Calabre contre la Sicile tout entière; mais il n'y était pas. On l'avait cherché partout du moment où l'on avait su qu'il y avait bal, et on ne l'avait pas trouvé : selon toute probabilité, il était à Reggio ou à Scylla, ce qui était un grand malheur pour l'amour-propre national des Sangiovannistes. Il faut croire, au reste, que la réputation du susdit Agnolo avait passé le détroit, car le capitaine se pencha à mon oreille, et me dit tout bas :

— Ce n'est pas pour mépriser Pietro qui a du talent, mais c'est bien heureux pour lui qu'Agnolo ne soit pas ici.

A peine achevait-il la phrase, que de grands cris retentirent sur le rivage et que la foule des spectateurs s'ouvrit devant un beau garçon de vingt à vingt-deux ans, vêtu de son costume des dimanches. Ce beau garçon, c'était Agnolo; et ce qui l'avait retardé, c'était sa toilette.

Il était évident que cette apparition était peu agréable à nos gens, et surtout à Pietro, qui se voyait sur le point d'être détrôné, ou tout au moins d'être forcé de partager avec un rival les applaudissements de la société. Cependant le capitaine ne pouvait se dispenser d'inviter un homme désigné ainsi à notre admiration par la voix publique; il s'approcha donc du bordage du speronare, à dix pas duquel Agnolo se tenait debout les bras croisés d'un air de défi, et l'invita à prendre part à la fête. Agnolo le remercia avec une certaine courtoisie, et, sans se donner la peine de gagner l'échelle qui était de l'autre côté, il s'accrocha en sautant avec sa main droite au bordage du bâtiment; puis, à la force des poignets, il s'enleva comme un professeur de voltige et retomba sur le pont. C'était, comme on dit en style de coulisses, *soigner son entrée*. Aussi Agnolo, plus heureux sur ce point que beaucoup d'acteurs en réputation, eut-il le bonheur de ne pas manquer son effet.

Alors commença entre Pietro et le nouveau venu une véritable lutte chorégraphique. Nous croyions connaître Pietro depuis le temps que nous le pratiquions, mais nous fûmes forcés d'avouer que c'était la première fois que le vrai Pietro nous apparaissait dans toute sa splendeur. Les gigottements, les flic-flacs, les triples tours auxquels il se livra, étaient quelque chose de fantastique; mais tout ce que faisait Pietro était à l'instant même répété par Agnolo comme par son ombre, et cela, il fallait l'avouer, avec une méthode supérieure. Pietro était le danseur de la nature, Agnolo était celui de la civilisation; Pietro accomplissait ses pas avec une certaine fatigue de corps et d'esprit: on voyait qu'il les combinait d'abord dans sa tête, puis que les jambes obéissaient à l'ordre donné; chez Agnolo, point : tout était instantané, l'art était arrivé à ressembler à de l'inspiration, ce qui, comme chacun le sait, est le plus haut degré auquel l'art puisse atteindre. Il en résulta que Pietro, haletant, essoufflé, au bout de sa force et de son haleine, après avoir épuisé tout son répertoire, tomba les jambes croisées sous lui en jetant son cri de défaite habituel, sans conséquence lorsque la chose se passait devant nous, c'est-à-dire en famille, mais qui acquérait une bien autre gravité en face d'un rival comme Agnolo.

Quant à Agnolo, comme la fête commençait à peine pour lui, il laissa quelques minutes à Pietro pour se remettre; puis, voyant que son antagoniste avait sans doute besoin d'une trêve plus longue, puisqu'il ne se relevait pas, il redemanda une autre tarentelle et continua ses exercices.

Cette fois Agnolo, qui n'avait pas de concurrence à soutenir, fut lui-même, c'est-à-dire véritablement un beau danseur, non pas comme on l'entend dans un salon de France, mais comme on le demande en Espagne, en Sicile et en Calabre. Toutes les figures de la tarentelle furent passées en revue, toutes les passes accomplies; sa ceinture, son chapeau, son bouquet, devinrent l'un après l'autre les accessoires de ce petit drame chorégraphique, qui exprima tour à tour tous les degrés de la passion, et qui, après avoir commencé par la rencontre presque indifférente du danseur et de sa danseuse, avoir passé par les différentes phases d'un amour combattu puis partagé, finit par toute l'exaltation d'un bonheur mutuel.

Nous nous étions approchés comme les autres pour voir cette représentation vraiment théâtrale, et, au risque de blesser l'amour-propre de notre pauvre Pietro, nous mêlions nos applaudissements à ceux de la foule, lorsque les cris de *La danse du Tailleur, La danse du Tailleur!* retentirent, proférés d'abord par deux ou trois personnes, puis ensuite répétés frénétiquement non-seulement par les invités qui se trouvaient à bord, mais encore par les spectateurs qui garnissaient le rivage. Agnolo se retourna vers nous, comme pour dire que puisqu'il était notre hôte il ne ferait rien qu'avec notre consentement, nous joignîmes alors nos instances à celles qui le sollicitaient déjà. Alors Agnolo, saluant gracieusement la foule, fit signe qu'il allait se rendre au désir qu'on lui exprimait. Cette condescendance fut à l'instant même accueillie par des applaudissements unanimes, et la musique commença une ritournelle bizarre, qui eut le privilége d'exciter à l'instant même l'hilarité parmi tous les assistants.

Comme j'ai le malheur d'avoir la compréhension très-difficile à l'endroit des ballets, je m'approchai du capitaine, et lui demandai ce que c'était que la danse du Tailleur.

—Ah! me dit-il, c'est une de leurs histoires diaboliques, comme ils en ont par centaines dans leurs montagnes. Que voulez-vous! ce n'est pas étonnant, ce sont tous des sorciers et des sorcières en Calabre.

— Mais enfin, à quelle circonstance cette danse a-t-elle rapport?

— C'est un brigand de tailleur de Catanzaro, maître Térence, qui a fait *gratis* une paire de culottes au diable, à la condition que le diable emporterait sa femme. Pauvre femme! Le diable l'a emportée tout de même.

—Bah!

— Oh! parole d'honneur.

— Comment cela?

— En jouant du violon. On n'en a plus entendu parler jamais, jamais.

—Vraiment?

— Oh! mon Dieu, oui, il vit encore. Si vous passez à Catanzaro, vous pourrez le voir.

— Qui? le diable?

— Non, ce gueux de Térence. C'est arrivé il n'y a pas plus de dix ans, au su et au vu de tout le monde. D'ailleurs c'est bien connu, ce sont tous des sorciers et des sorcières en Calabre.

— Oh! capitaine, vous me raconterez l'histoire, n'est-ce pas?

— Oh! moi, je ne la sais pas bien, dit le capitaine; et puis d'ailleurs je n'aime pas beaucoup à parler de toutes ces histoires-là où le diable joue un rôle, attendu que, comme vous le savez, il y a déjà eu dans ma famille une histoire de sorcière. Mais vous allez traverser la Calabre, Dieu veuille qu'il ne vous y arrive aucun accident, et vous pourrez demander au premier venu l'histoire de maître Térence : Dieu merci! elle est connue, et on vous la racontera.

— Vous croyez?

— Oh ! j'en suis sûr.

Je pris mon album, et j'écrivis dessus en grosses lettres :

« *Ne pas oublier de me faire raconter l'histoire de maître Térence de Catanzaro, qui a fait gratis une paire de culottes au diable, à la condition que le diable emporterait sa femme.* »

Et je revins à Agnolo.

La toile était levée, et, sur une musique plus étrange encore que la ritournelle dont la bizarrerie m'avait déjà frappé, Agnolo venait de commencer une danse de sa composition : car non-seulement Agnolo était exécutant, mais encore compositeur; danse dont rien ne peut donner une idée, et qui aurait eu un miraculeux succès dans l'opéra de la *Tentation*, si on avait pu y transporter tout ensemble les musiciens, la musique et le danseur. Malheureusement, ne connaissant que le titre du ballet, et n'en ayant point encore entendu le programme, je ne pouvais comprendre que fort superficiellement l'action, qui me paraissait des plus intéressantes et des plus com-

pliquées. Je voyais bien de temps en temps
Agnolo faire le geste d'un homme qui tire son
fil, qui passe ses culottes, et qui avale un verre
de vin; mais ces différents gestes ne me paraissaient constituer, si je puis le dire, que
les épisodes du drame, dont le fond me demeurait toujours obscur. Quant à Agnolo, sa
pantomime devenait de plus en plus vive et
animée, et sa danse bouffonne et fantastique
à la fois était pleine d'un caractère d'entrai-
nement presque magique. On voyait les efforts qu'il faisait pour résister; mais la musique l'emportait. Pour le flûteur et le
guitariste, le premier soufflait à perdre haleine, tandis que le second grattait à se dé-
mancher les bras. Les assistants trépignaient,
Agnolo bondissait; Jadin et moi nous nous
laissions aller comme les autres à ce spectacle
diabolique, quand tout à coup je vis Nunzio
qui, perçant la foule, venait dire tout bas
quelques paroles au capitaine. Aussitôt le capitaine étendit la main, et me touchant l'é-
paule:

— Excellence? dit-il.

— Eh bien ! qu'y a-t-il ? demandai-je.

— Excellence, c'est le vieux qui assure qu'il se passe quelque chose de singulier dans l'air, et qu'au lieu de regarder danser des danses qui révoltent le bon Dieu, nous ferions bien mieux de nous mettre en prières.

— Mais que diable Nunzio veut-il qu'il se passe dans l'air ?

— Jésus ! cria le capitaine, on dirait que tout tremble.

Cette judicieuse remarque fut immédiatement suivie d'un cri général de terreur. Le bâtiment vacilla comme s'il était encore en pleine mer. Un des deux étais qui le soutenaient glissa le long de sa carène, et le speronare, versant comme une voiture à laquelle deux roues manqueraient à la fois du même côté, nous envoya tous, danseurs, musiciens et assistants, rouler pêle-mêle sur le sable.

Il y eut un instant d'effroi et de confusion impossible à décrire ; chacun se releva et se mit à fuir de son côté, sans savoir où. Quant à moi, n'ayant plus aucune idée, grâce à la culbute que je venais de faire, de la topographie du terrain, je m'en allais droit dans la mer, quand une main me saisit et m'arrêta. Je me retournai, c'était le pilote.

— Où allez-vous, excellence? me dit-il.

— Ma foi! pilote, je n'en sais rien. Allez-vous quelque part? Je vais avec vous, ça m'est égal.

— Nous n'avons nulle part à aller, excellence; et ce que nous pouvons faire de mieux, c'est d'attendre.

— Eh bien! dit Jadin en arrivant à son tour tout en crachant le sable qu'il avait dans la bouche, en voilà une de cabriole!

— Vous n'avez rien? lui demandai-je.

— Moi, rien du tout; je suis tombé sur Milord que j'ai manqué étouffer, voilà tout. Ce pauvre Milord, continua Jadin en adressant la parole à son chien de son fausset le plus agréable, il a donc sauvé la vie à son maître.

Milord se ramassa sur lui-même et agita vivement sa queue en témoignage du plaisir qu'il éprouvait d'avoir accompli sans s'en douter une si belle action.

— Mais enfin, demandai-je, qu'y a-t-il? qu'est-il arrivé?

— Il est arrivé, dit Jadin en haussant les épaules, que ces imbéciles-là ont mal assuré les pieux, et qu'un des supports ayant manqué, le speronare à fait comme quand Milord secoue ses puces.

— C'est-à-dire, reprit le pilote, que c'est la terre qui a secoué les siennes.

— Comment?

— Écoutez ce qu'ils crient tous en se sauvant.

Je me retournai vers le village, et je vis nos convives qui couraient comme des fous en criant : *Terre moto, terre moto!*

— Qu'est-ce que cela veut dire? Est-ce que c'est un tremblement de terre? demandai-je.

— Ni plus ni moins, dit le pilote.

— Parole d'honneur? fit Jadin.

— Parole d'honneur, reprit Nunzio.

— Eh bien! pilote, touchez-là, dit Jadin, je suis enchanté.

— De quoi? demanda gravement Nunzio.

— D'avoir joui d'un tremblement de terre. Tiens! est-ce que vous croyez que ça se rencontre tous les dimanches, vous? Ce pauvre Milord, il aura donc vu des tempêtes, il aura donc vu des volcans, il aura donc vu des tremblements de terre; il aura donc tout vu!

Je me mis à rire malgré moi.

— Oui, oui, dit le pilote, riez; vous autres, Français, je sais bien que vous riez de tout. Ça n'empêche pas que dans ce moment-ci la moitié de la Calabre est peut-être sens dessus dessous. Ce n'est pas qu'il y ait grand mal; mais enfin, tout Calabrais qu'ils sont, ce sont des hommes.

— Comment, pilote! demandai-je, vous

croyez que pour cette petite secousse que nous avons ressentie....

— Le mouvement allait du nord au midi, voyez-vous, excellence ; et nous, justement, nous sommes à l'extrémité de la botte, et par conséquent nous n'avons pas ressenti grand' chose ; mais du côté de Nicastro et de Cosenza, c'est là qu'il doit y avoir eu le plus d'œufs cassés ; sans compter que nous ne sommes probablement pas au bout.

— Ah! ah! dit Jadin, vous croyez que nous allons avoir encore de l'agrément? Alors bon, bon. En ce cas, fumons une pipe.

Et il se mit à battre le briquet, en attendant une seconde secousse.

Mais nous attendîmes inutilement : la seconde secousse ne vint pas, et au bout de dix minutes notre équipage, qui dans le premier moment s'était éparpillé de tous les côtés, était réuni autour de nous : personne n'était blessé, à l'exception de Giovanni qui s'était foulé le poignet, et de Pietro qui prétendait s'être donné une entorse.

— Eh bien! dit le capitaine, voyons, pilote, que faut-il faire maintenant?

— Oh! mon Dieu! capitaine, pas grand' chose, répondit le vieux prophète: remettre le speronare sur sa pauvre quille, attendu que je crois que c'est fini pour le moment.

— Allons, enfants, dit le capitaine, à l'ouvrage! Puis, se retournant de notre côté : — Si leurs excellences avaient la bonté... ajouta-t-il.

— De quoi faire, capitaine, dites?

— De nous donner un coup de main; nous ne serons pas trop de tous tant que nous sommes pour en venir à notre honneur; attendu que ces fainéants de Calabrais, c'est bon à boire, à manger et à danser; mais pour le travail il ne faut pas compter dessus. Voyez s'il en reste un seul!

Effectivement, le rivage était complétement désert: hommes, femmes et enfants, tout avait disparu; ce qui, du reste, me paraissait assez naturel pour qu'on ne s'en formalisât point.

Quoique réduits à nos propres forces, nous n'en parvînmes pas moins, grâce à un mécanisme fort ingénieux inventé par le pilote, à remettre le bâtiment dans une ligne parfaitement verticale. Le pieu qui avait glissé fut rétabli en son lieu et place, l'échelle appliquée de nouveau à bâbord, et au bout d'une heure à peu près tout était aussi propre et aussi en ordre à bord du speronare que si rien d'extraordinaire ne s'était passé.

La nuit s'écoula sans accident aucun.

CHAPITRE XI.

TÉRENCE LE TAILLEUR.

Le lendemain, à six heures du matin, nous vîmes arriver le guide et les deux mulets que nous avions fait demander la veille. Aucun dommage important n'était arrivé dans le village; trois ou quatre cheminées étaient tombées, voilà tout.

Nous convînmes alors de nos faits avec le capitaine : il nous fallait trois jours pour aller par terre au Pizzo. En supposant que le vent changeât, il lui fallait, à lui, douze ou quinze heures; il fut convenu que s'il arrivait le premier au rendez-vous il nous attendrait jusqu'à ce que nous parussions; si nous arrivions au contraire avant lui, nous devions l'attendre deux jours ; puis si, ces deux jours écoulés, il n'avait point paru, nous lui laissions une lettre dans la principale auberge de la ville, et nous lui indiquions un nouveau rendez-vous.

Ce point essentiel convenu, sur l'invitation du capitaine d'emporter avec nous le moins d'argent possible, nous prîmes chacun six ou huit louis seulement, laissant le reste de notre trésor sous la garde de l'équipage ; et, munis cette fois de nos passe-ports parfaitement en règle, nous enfourchâmes nos montures et prîmes congé de nos matelots, qui nous promirent de nous recommander tous les soirs à Dieu dans leurs prières. Quant à nous, nous leur enjoignîmes de partir au premier souffle de vent ; ils s'y engagèrent sur leur parole, nous baisèrent une dernière fois les mains, et nous nous séparâmes.

Nous suivions pour aller à Scylla la route déjà parcourue, et sur laquelle par conséquent nous n'avions aucune observation à faire ; mais comme notre guide était forcé de marcher à pied, attendu qu'après nous avoir promis d'amener trois mulets il n'en avait amené que deux, espérant que nous n'en payerions ni plus ni moins les trois piastres convenues par chaque jour, nous ne pouvions aller qu'un train très-ordinaire; encore en arrivant à Scylla nous déclara-t-il que, ses mulets n'ayant point mangé avant leur départ, il était de toute urgence qu'il les fît déjeuner avant d'aller plus loin. Cela amena un éclaircissement tout naturel : j'avais entendu que la nourriture, comme toujours, serait au compte du muletier, et lui au contraire prétendait avoir entendu que la nourriture de ses mulets serait au compte de ses voyageurs. La chose n'était point portée sur le *papier*; mais, comme heureusement il y avait sur le papier que le guide fournirait trois mulets et qu'il n'en avait fourni que deux, je le sommai de tenir ses conventions à la lettre, à défaut de quoi j'allais aller prévenir mon ami le brigadier de gendarmerie. La menace fit son effet : il fut arrêté que, tout en me contentant de deux mulets, j'en payerais un troisième, et que le prix du mulet absent serait affecté à la nourriture des deux mulets présents.

Afin de ne pas perdre une heure inutilement à Scylla, nous montâmes, Jadin et moi, sur le rocher où est bâtie la forteresse. Là, nous relevâmes une petite erreur archéologique: c'est que la citadelle, qu'on nous avait dit élevée par Murat, datait de Charles d'Anjou: il y avait cinq siècles et demi de différence entre l'un et l'autre de ces deux conquérants. Mais le renseignement nous avait été donné par nos Siciliens, et j'avais déjà remarqué qu'il ne fallait pas scrupuleusement les croire à l'endroit des dates.

Ce fut le 7 février 1808 que les compagnies de voltigeurs du 23° régiment d'infanterie légère et du 67° régiment d'infanterie de ligne entrèrent à la baïonnette dans la petite ville de Scylla et en chassèrent les bandits qui l'occupaient, et qui parvinrent à s'embarquer sous la protection du fort que défendait une garnison du 62° régiment de ligne anglais.

A peine maîtres de la ville, les Français établirent sur la montagne qui la domine une batterie de canons destinée à battre le fort en brèche. Le 9, la batterie commença son feu;

le 15, la garnison anglaise fut sommée de
se rendre. Sur son refus, le feu continua;
mais dans la nuit du 16 au 17 une flottille de
petits bâtiments partit des côtes de Sicile et
vint aborder sans bruit au pied du roc. Le
jour venu, les assiégeants s'aperçurent qu'on
ne répondait pas à leur feu; en même temps
ils eurent avis que les Anglais s'embarquaient
pour la Sicile. Cet embarquement leur avait
paru impossible à cause de l'escarpement du
roc taillé à pic; mais il fallut bien qu'ils en
crussent leurs yeux lorsqu'ils virent les cha-
loupes s'éloigner chargées d'habits rouges. Ils
coururent aussitôt à l'assaut, s'emparèrent
de la forteresse sans résistance aucune et arrivèrent au haut du rempart juste à temps pour
voir s'éloigner la dernière barque. Un escalier
taillé dans le roc, et qu'il était impossible
d'apercevoir de tout autre côté que de celui de
la mer, donna l'explication du miracle. Les
canons du fort furent aussitôt tournés vers les
fugitifs, et un bateau chargé de cinquante
hommes fut coulé bas; les autres, craignant
le même sort, firent force de voiles pour
s'éloigner, laissant leurs compagnons se tirer

de là comme ils pourraient. Les trois quarts s'en tirèrent en se noyant, l'autre quart regagna la côte à la nage et fut fait prisonnier par les vainqueurs. On trouva dans le fort dix-neuf pièces de canon, deux mortiers, deux obusiers, une caronade, beaucoup de munitions et cent cinquante barils de biscuit.

La prise de Scylla mit fin à la campagne : c'était le seul point où le roi Ferdinand posât encore le pied en Calabre ; et Joseph Napoléon, passé roi depuis dix-huit mois, se trouva ainsi maître de la moitié du royaume de son prédécesseur.

J'avoue que ce fut avec un certain plaisir qu'à l'extrémité de la Péninsule italique je retrouvai la trace des boulets français sur une citadelle de la Grande-Grèce.

L'heure était écoulée : nous avions donné rendez-vous à notre muletier de l'autre côté de la ville. Nous revînmes donc sur la grande route, où, après un instant d'attente, nous fûmes rejoints par notre homme et par ses deux bêtes. En remontant sur mon mulet je m'aperçus qu'on avait touché à mes fontes; ma première idée fut qu'on m'avait volé mes pistolets, mais en levant la couverture je les vis à leur place. Notre guide nous dit alors que c'était seulement le garçon d'écurie qui les avait regardés, pour s'assurer s'ils étaient chargés, sans doute, et donner sur ce point important des renseignements à qui de droit. Au reste, nous voyagions depuis trop long-temps au milieu d'une société équivoque pour être pris au dépourvu: nous étions armés jusqu'aux dents et ne quittions pas nos armes, ce qui, joint à la terreur qu'inspirait Milord, nous sauva sans doute des mauvaises rencontres dont nous entendions faire journellement le récit. Au reste, comme je ne me fiais pas beaucoup à mon guide, ce petit événement me fut une occasion de lui dire que, si nous étions arrêtés, la première chose que je ferais serait de lui casser la tête. Cette menace, donnée en manière d'avis et de l'air le plus tranquille et le plus résolu du monde, parut faire sur lui une très-sérieuse impression.

Vers les trois heures de l'après-midi, nous

arrivâmes à Bagnaria. Là, notre guide nous proposa de faire une halte, qui serait consacrée à son dîner et au nôtre. La proposition était trop juste pour ne pas trouver en nous un double écho : nous entrâmes dans une espèce d'auberge, et nous demandâmes qu'on nous servît immédiatement.

Comme, au bout d'une demi-heure, nous ne voyions faire aucuns préparatifs dans la chambre où nous attendions notre nourriture, je descendis à la cuisine afin de presser le cuisinier. Là il me fut répondu qu'on aurait déjà servi le dîner à nos excellences, mais que notre guide ayant dit que nos excellences coucheraient à l'hôtel, on n'avait pas cru devoir se presser. Comme nous avions fait à peine sept lieues dans la journée, je trouvai la plaisanterie médiocre, et je priai le maître de la locanda de nous faire dîner à l'instant même, et de prévenir notre muletier de se tenir prêt, lui et ses bêtes, à repartir aussitôt après le repas.

La première partie de cet ordre fut scrupuleusement exécutée ; deux minutes après l'injonction faite, nous étions à table. Mais il n'en fut pas de même de la seconde : lorsque nous descendîmes, on nous annonça que, notre guide n'étant point rentré, on n'avait pas pu lui faire part de nos intentions, et que, par conséquent, elles n'étaient pas exécutées. Notre résolution fut prise à l'instant même: nous fîmes faire notre compte et celui de nos mulets, nous payâmes total et bonne main; nous allâmes droit à l'écurie, nous sellâmes nos montures, nous montâmes dessus, et nous dîmes à l'hôte que lorsque le muletier reviendrait il n'avait qu'à lui dire qu'en courant après nous il nous rejoindrait sur le chemin de Palma. Il n'y avait point à se tromper, ce chemin étant la grande route.

Comme nous atteignions l'extrémité de la ville, nous entendîmes derrière nous des cris perçants ; c'était notre Calabrais qui s'était mis à notre poursuite et qui n'aurait pas été fâché d'ameuter quelque peu ses compatriotes contre nous. Malheureusement, notre droit était clair : nous n'avions fait que six lieues dans la journée, ce n'était point une étape. Il nous restait encore trois heures de jour à épuiser et sept milles seulement à faire pour arriver à Palma. Nous avions donc le droit d'aller jusqu'à Palma. Notre guide alors essaya de nous arrêter par la crainte, et nous jura que nous ne pouvions pas manquer d'être arrêtés deux ou trois fois en voyageant à une pareille heure; et, à l'appui de son assertion, il nous montra de loin quatre gendarmes qui sortaient de la ville et conduisaient avec eux cinq ou six prisonniers. Or ces prisonniers n'étaient autres, assurait notre homme, que des voleurs qui avaient été pris la veille sur la route même que nous voulions suivre. A ceci nous répondîmes que, puisqu'ils avaient été pris, ils n'y étaient plus; et que d'ailleurs, s'il avait besoin effectivement d'être rassuré, nous demanderions aux gendarmes, qui suivaient la même route, la permission de voyager dans leur honorable société. A une pareille proposition, il n'y avait rien à répondre; force fut donc à notre malheureux guide d'en prendre son parti : nous mîmes nos mules au petit trot, et il nous suivit en gémissant.

Je donne tous ces détails pour que le voyageur qui nous succédera dans ce bienheureux pays sache à quoi s'en tenir, une fois pour toutes; faire ses conditions, par écrit d'abord, et avant tout; puis, ces conditions faites, ne céder jamais sur aucune d'elles. Ce sera une lutte d'un jour ou deux; mais ces quarante-huit heures passées, votre guide, votre muletier ou votre vetturino aura pris son pli, et, devenu souple comme un gant, il ira de lui-même au-devant de vos désirs. Sinon, on est perdu : on rencontrera à chaque heure une opposition, à chaque pas une difficulté; un voyage de trois jours en durera huit, et là où l'on aura cru dépenser cent écus on dépensera mille francs.

Au bout de dix minutes nous avions rejoint nos gendarmes. A peine eus-je jeté les yeux sur leur chef, que je reconnus mon brigadier de Scylla : c'était jour de bonheur.

La reconnaissance fut touchante; mes deux piastres avaient porté leurs fruits. Je n'aurais eu qu'un mot à dire pour faire accoupler mon muletier à un voleur impair qui marchait tout seul. Je ne le dis pas, seulement je fis comprendre d'un signe à ce drôle-là dans quels rapports j'étais avec les autorités du pays.

J'essayai d'interroger plusieurs des prisonniers ; mais par malheur j'étais tombé sur les plus honnêtes gens de la terre, ils ne savaient absolument rien de ce que la justice leur voulait. Ils allaient à Cosenza, parce que cela paraissait faire plaisir à ceux qui les y menaient, mais ils étaient bien convaincus qu'ils seraient à peine arrivés dans la capitale de la Calabre citérieure, qu'on leur ferait des excuses sur l'erreur qu'on avait commise à leur endroit, et qu'on les renverrait chacun chez soi avec un certificat de bonnes vie et mœurs.

Voyant que c'était un parti pris, je revins à mon brigadier ; malheureusement lui-même était fort peu au courant des faits et gestes de ses prisonniers ; il savait seulement que tous étaient arrêtés sous prévention de vol à main armée, et que parmi eux trois ou quatre étaient accusés d'assassinat.

Malgré la promesse faite à mon guide, je trouvai la société trop choisie pour rester plus long-temps avec elle, et, faisant un signe à Jadin, qui y répondit par un autre, nous mîmes nos mules au trot. Notre guide voulut recommencer ses observations; mais je priai mon brave brigadier de lui faire à l'oreille une petite morale; ce qui eut lieu à l'instant même, et ce qui produisit le meilleur effet.

Moyennant quoi nous arrivâmes vers sept heures du soir à Palma sans mauvaise rencontre et sans nouvelles observations.

Rien n'est plus promptement visité qu'une ville de Calabre; excepté les éternels temples de Pestum, qui restent obstinément debout à l'entrée de cette province, il n'y a pas un seul monument à voir de la pointe de Palinure au cap de Spartinento ; les hommes ont bien essayé, comme partout ailleurs, d'y enraciner la pierre, mais Dieu ne l'a jamais souffert. De temps en temps il prend la Calabre à deux mains, et comme un vanneur fait du blé, il secoue rochers, villes et villages : cela dure plus ou moins long-temps ; puis, lorsqu'il s'arrête, tout est changé d'aspect sur une surface de soixante-dix lieues de long et de trente ou quarante de large. Où il y avait des montagnes il y a des lacs, où il y avait des lacs il y a des montagnes, et où il y avait des villes il n'y a généralement plus rien du tout. Alors ce qui reste de la population, pareille à une fourmilière dont un voyageur en passant a détruit l'édifice, se remet à l'œuvre ; chacun charrie son moellon, chacun traîne sa poutre ; puis, tant bien que mal et autant que possible, à la place où était l'ancienne ville on bâtit une ville nouvelle qui, pareille à chacune des dix villes qui l'ont précédée, durera ce qu'elle pourra. On comprend qu'avec cette éternelle éventualité de destruction, on s'occupe peu de bâtir selon les règles de l'un des six ordres reconnus par les architectes. Vous pouvez donc, à moins que vous n'ayez quelque recherche historique, géologique ou botanique à faire, arriver le soir dans une ville quelconque de la Calabre, et en partir le lendemain matin : vous n'aurez rien laissé derrière vous qui mérite la peine d'être vu. Mais ce qui est digne d'attention dans un pareil voyage, c'est l'aspect sauvage du pays, les costumes pittoresques de ses habitants, la vigueur de ses forêts, l'aspect de ses rochers, et les mille accidents de ses chemins. Or, tout cela se voit dans le jour, tout cela se rencontre sur les routes; et un voyageur qui avec une tente et des mulets irait de Pestum à Reggio sans entrer dans une seule ville, aurait mieux vu la Calabre que celui qui, en suivant la grande route par étapes de trois lieues, aurait séjourné dans chaque ville et dans chaque village.

Nous ne cherchâmes donc aucunement à voir les curiosités de Palma, mais bien à nous assurer la meilleure chambre et les draps les plus blancs de l'auberge de l'*Aigle-d'Or*, où, pour se venger de nous sans doute, nous conduisit notre guide; puis, les premières précautions prises, nous fîmes une espèce de toilette pour aller porter à son adresse une lettre que nous avait prié de remettre en passant et en mains propres notre brave capitaine. Cette lettre était destinée à M. Piglia, l'un des plus riches négociants en huile de la Calabre.

Nous trouvâmes dans M. Piglia non-seulement le négociant *pas fier* dont nous avait parlé Pietro, mais encore un homme fort distingué. Il nous reçut comme eût pu le faire un de ses aïeux de la Grande-Grèce, c'est-à-dire en mettant à notre disposition sa maison et sa table. A cette proposition courtoise, ma tentation d'accepter l'une et l'autre fut grande, je l'avoue; j'avais presque oublié les auberges de Sicile, et je n'étais pas encore familiarisé avec celles de Calabre, de sorte que la vue de la nôtre m'avait quelque peu terrifié; nous n'en refusâmes pas moins le gîte, retenus par une fausse honte; mais heureusement il n'y eut pas moyen d'en faire autant du déjeuner offert pour le lendemain. Nous objectâmes bien à la vérité la difficulté d'arriver le lendemain soir à Monteleone si nous partions trop tard de Palma; mais M. Piglia détruisit à l'instant même l'objection en nous disant de faire partir le lendemain, dès le matin, le muletier et les mules pour Gioja, et en se chargeant de nous conduire jusqu'à cette ville en voiture, de manière à ce que, trouvant les hommes et les bêtes bien reposés, nous pussions repartir à l'instant même. La grâce avec laquelle nous était faite l'invitation, plus encore que la logique du raisonnement, nous décida à accepter, et il fut convenu que le lendemain à neuf heures du matin nous nous mettrions à table, et qu'à dix heures nous monterions en voiture.

Une nouvelle surprise nous attendait en rentrant à l'hôtel : outre toutes les chances que nos chambres par elles-mêmes nous offraient de ne pas dormir, il y avait un bal de noce dans l'établissement. Cela me rappela notre fête de la veille si singulièrement interrompue, notre chorégraphe Agnolo et la danse du Tailleur. L'idée me vint alors, puisque j'étais forcé de veiller, vu le bruit infernal qui se faisait dans la maison, d'utiliser au moins ma veille. Je fis monter le maître de l'hôtel, et je lui demandai si lui ou quelqu'un de sa connaissance savait, dans tous ses détails, l'histoire de maître Térence le tailleur. Mon hôte me répondit qu'il la savait à merveille, mais qu'il avait quelque chose à m'offrir de mieux qu'un récit verbal : c'était la complainte imprimée qui racontait cette lamentable aventure. La complainte était une trouvaille : aussi déclarai-je que j'en donnerais la somme exorbitante d'un carlin si l'on pouvait me la procurer à l'instant même ; cinq minutes après j'étais possesseur du précieux imprimé. Il est orné d'une gravure coloriée représentant le diable jouant du violon, et maitre Térence dansant sur son établi.

Voici l'anecdote :

C'était par un beau soir d'automne ; maitre Térence, tailleur à Catanzaro, s'était pris de dispute avec la signora Judith sa femme, à propos d'un macaroni que, depuis quinze ans que les deux conjoints étaient unis, elle tenait à faire d'une certaine façon, tandis que maitre Térence préférait le voir faire d'une autre. Or, depuis quinze ans, tous les soirs à la même heure la même dispute se renouvelait à propos de la même cause.

Mais cette fois la dispute avait été si loin, qu'au moment où maitre Térence s'accroupissait sur son établi pour travailler encore deux petites heures, tandis que sa femme au contraire employait ces deux heures à prendre un à-compte sur sa nuit, qu'elle dormait d'habitude fort grassement : or, dis-je, la dispute avait été si loin, qu'en se retirant dans sa chambre, Judith avait, par manière d'adieu, lancé à son mari une pelote toute garnie d'épingles, et que le projectile, dirigé par une main aussi sûre que celle d'Hippolyte, avait atteint le pauvre tailleur entre les deux sourcils. Il en était résulté une douleur subite, accompagnée d'un rapide dégorgement de la glande lacrymale; ce qui avait porté l'exaspération du pauvre homme au point de s'écrier : — Oh! que je donnerais de choses au diable pour qu'il me débarrassât de toi!

— Eh! que lui donnerais-tu bien, ivrogne? s'écria en rouvrant la porte la signora Judith, qui avait entendu l'apostrophe.

— Je lui donnerais, s'écria le pauvre tailleur, je lui donnerais cette paire de culottes que je fais pour don Girolamo, curé de Simmari!

— Malheureux! répondit Judith en faisant un nouveau geste de menace qui fit que, autant par sentiment de la douleur passée que par crainte de la douleur à venir, le pauvre diable ferma les yeux et porta les deux mains à son visage; malheureux! tu ferais bien mieux de glorifier le nom du Seigneur, qui t'a donné une femme qui est la patience même, que d'invoquer le nom de Satan.

Et, soit qu'elle fût intimidée du souhait de son mari, soit que, généreuse dans sa victoire, elle ne voulût point battre un homme atterré, elle referma la porte de sa chambre assez brusquement pour que maître Térence ne doutât point qu'il y eût maintenant un pouce de bois entre lui et son ennemie.

Cela n'empêcha point que maître Térence, qui, à défaut du courage du lion, avait la prudence du serpent, ne restât un instant immobile et la figure couverte des deux mains que Dieu lui avait données comme armes offensives, et que, par une disposition naturelle de la douceur de son caractère, il avait converties en armes défensives. Cependant, au bout de quelques secondes, n'entendant aucun bruit et n'éprouvant aucun choc, il se hasarda à regarder entre ses doigts d'abord, et puis à ôter une main, puis l'autre, puis enfin à porter la vue sur les différentes parties de l'appartement. Judith était bien entrée dans son appartement, et le pauvre tailleur respira en pensant que, jusqu'au lendemain matin, il était au moins débarrassé.

Mais son étonnement fut grand lorsqu'en ramenant ses yeux sur les culottes de don Girolamo, qui reposaient sur ses genoux déjà à moitié exécutées, il aperçut en face de lui, assis au pied de son établi, un petit vieillard de bonne mine, habillé tout de noir, et qui le regardait d'un air goguenard, les deux coudes appuyés sur l'établi et le menton dans ses deux mains.

Le petit vieillard et maître Térence se regardèrent un instant face à face ; puis maître Térence rompant le premier le silence :

— Pardon, votre excellence, lui dit-il,

mais puis-je savoir ce que vous attendez là?

— Ce que j'attends! demanda le petit vieillard ; tu dois bien t'en douter.

— Non, le diable m'emporte, répondit Térence.

A ce mot : le diable m'emporte, il eût fallu voir la joie du petit vieillard ; ses yeux brillèrent comme braise, sa bouche se fendit jusqu'aux oreilles, et l'on entendit derrière lui quelque chose qui allait et venait en balayant le plancher.

— Ce que j'attends, dit-il, ce que j'attends?

— Oui, reprit Térence.

— Eh bien, j'attends mes culottes.

— Comment, vos culottes?

— Sans doute.

— Mais vous ne m'avez pas commandé de culottes, vous.

— Non; mais tu m'en as offert, et je les accepte.

— Moi, s'écria Térence stupéfait; moi, je vous ai offert des culottes? Lesquelles?

— Celles-là? dit le vieillard en montrant du

doigt celles auxquelles le tailleur travaillait.

— Celles-là, reprit maître Térence, de plus en plus étonné; mais celles-là appartiennent à don Girolamo, curé de Simmari.

— C'est-à-dire qu'elles appartenaient à don Girolamo il y a un quart d'heure, mais maintenant elles sont à moi.

— A vous? reprit maître Térence, de plus en plus ébahi.

— Sans doute; n'as-tu pas dit, il y a dix minutes, que tu donnerais bien ces culottes pour être débarrassé de ta femme?

— Je l'ai dit, je l'ai dit, et je le répète.

— Eh bien! j'accepte le marché; moyennant ces culottes je te débarrasse de ta femme.

— Vraiment?

— Parole d'honneur.

— Et quand cela?

— Aussitôt que je les aurai entre les jambes.

— Oh! mon gentilhomme, s'écria Térence en pressant le vieillard sur son cœur, permettez-moi de vous embrasser.

— Volontiers, dit le vieillard en serrant à son tour si fortement le tailleur dans ses bras, que celui-ci faillit tomber à la renverse étouffé, et fut un instant à se remettre.

— Eh bien, qu'as-tu donc? demanda le vieillard.

— Que votre excellence m'excuse, dit le tailleur qui n'osait se plaindre, mais je crois que c'est la joie. J'ai failli me trouver mal.

— Un petit verre de cette liqueur, cela te remettra, dit le vieillard en tirant de sa poche une bouteille et deux verres.

— Qu'est-ce que c'est que cela? demanda Térence la bouche ouverte et les yeux étincelants de joie.

— Goûtez toujours, dit le vieillard.

— C'est de confiance, reprit Térence; et il porta le verre à sa bouche, avala la liqueur d'un trait et fit claquer sa langue en amateur satisfait.

— Diable! dit-il.

Soit satisfaction de voir sa liqueur appréciée, soit que l'exclamation par laquelle le tailleur lui avait rendu justice plût au petit vieillard, ses yeux brillèrent de nouveau, sa bouche se fendit derechef, et l'on entendit, comme la première fois, ce petit frôlement qui était évidemment chez lui une marque de satisfaction. Quant à maître Térence, il semblait qu'il venait de boire un verre de l'élixir de longue vie, tant il se sentait gai, alerte, dispos et valeureux.

— Ainsi vous êtes venu pour cela, ô digne gentilhomme que vous êtes, et vous vous contenterez d'une paire de culottes! c'est pour rien; et aussitôt qu'elles seront faites vous emmènerez ma femme, vraiment?

— Eh bien, que fais-tu? dit le vieillard, tu te reposes?

— Eh non! vous le voyez bien, j'enfile mon aiguille. Tenez, c'est cela qui retardera la livraison de vos culottes; rien qu'à enfiler son aiguille un tailleur perd deux heures par jour. Ah! la voilà, enfin.

Et maître Térence se mit à coudre avec une telle ardeur qu'on ne voyait pas aller la main, si bien que l'ouvrage avançait avec une rapidité miraculeuse; mais ce qu'il y avait de plus étonnant dans tout cela, ce qui de temps en temps faisait pousser une exclamation de surprise à maître Térence, c'est que, quoique les points se succédassent avec une rapidité à laquelle lui-même ne comprenait rien, le fil restait toujours de la même longueur; si bien qu'avec ce fil, il pouvait, sans avoir besoin de renfiler son aiguille, achever, non-seulement les culottes du vieillard, mais encore coudre toutes les culottes du royaume des Deux-Siciles. Ce phénomène lui donna à penser, et pour la première fois il lui vint à la pensée que le petit vieillard qui était devant lui pourrait bien ne pas être ce qu'il paraissait.

— Diable, diable! fit-il tout en tirant son aiguille plus rapidement qu'il n'avait fait encore.

Mais cette fois, sans doute, le vieillard saisit la nuance de doute qui se trouvait dans la voix de maître Térence, et aussitôt empoignant la bouteille au collet:

— Encore une goutte de cet élixir, mon

maître, dit-il en remplissant le verre de Térence.

— Volontiers, répondit le tailleur, qui avait trouvé la liqueur trop superfine pour ne pas y revenir avec plaisir; et il avala le second verre avec la même sensualité que le premier.

— Voilà de fameux rosolio, dit-il, où diable se fait-il?

Comme ces paroles avaient été dites avec un tout autre accent que celles qui avaient inquiété le petit vieillard, ses yeux se remirent à briller, sa bouche se refendit, et l'on entendit de nouveau ce singulier frôlement qu'avait déjà remarqué le tailleur.

Mais cette fois maître Térence était loin de s'en inquiéter; l'effet de la liqueur avait été plus souverain encore que la première fois, et l'étranger qu'il avait sous les yeux lui paraissait, quel qu'il fût, venu dans l'intention de lui rendre un trop grand service pour qu'il le chicanât sur l'endroit d'où il venait.

— Où l'on fait cette liqueur? dit l'étranger.

— Où? demanda Térence.

— Eh bien! dans l'endroit même où je compte emmener ta femme.

Térence cligna de l'œil et regarda le vieillard d'un air qui voulait dire : Bon! je comprends; et il se remit à l'ouvrage; mais au bout d'un instant le vieillard étendit la main.

— Eh bien! eh bien! lui dit-il, que fais-tu?

— Ce que je fais?

— Oui, tu fermes le fond de mes culottes.

— Sans doute, je le ferme.

— Alors, par où passerai-je ma queue?

— Comment, votre queue?

— Certainement, ma queue.

— Ah! c'est donc votre queue qui fait sous la table ce petit frôlement?

— Juste : c'est une mauvaise habitude qu'elle a prise de s'agiter ainsi d'elle-même quand je suis content.

— En ce cas, dit le tailleur en riant de toute son âme, au lieu de s'effrayer comme il l'aurait dû d'une si singulière réponse ; en ce cas, je sais qui vous êtes ; et, du moment où vous avez une queue, je ne serais pas étonné que vous eussiez aussi le pied fourchu, hein !

— Sans doute, dit le petit vieillard, regarde plutôt.

Et levant la jambe, il passa à travers l'établi comme s'il n'eût eu à percer qu'un simple papier, et montra un pied aussi fourchu que celui d'un bouc.

— Bon ! dit le tailleur, bon ! Judith n'a qu'à bien se tenir. Et il continua de travailler avec une telle promptitude qu'au bout d'un instant les culottes se trouvèrent faites.

— Où vas-tu ? demanda le vieillard.

— Je vais rallumer le feu afin de chauffer mon fer à presser, et de donner un dernier coup aux coutures de vos culottes.

— Oh ! si c'est pour cela ce n'est pas la peine de te déranger.

Et il tira de la même poche dont il avait déjà tiré les verres et la bouteille un éclair qui s'en alla en serpentant allumer un fagot posé sur les chenets, et qui, s'enlevant par la cheminée, illumina pendant quelques secondes tous les environs. Le feu se mit à pétiller; et en une seconde le fer rougit.

— Eh! eh! s'écria le tailleur, que faites-vous donc? vous allez faire brûler vos culottes.

— Il n'y a pas de danger, dit le vieillard; comme je savais d'avance qu'elles me reviendraient, j'ai fait faire l'étoffe en laine d'amiante.

— Alors c'est autre chose, dit Térence en laissant glisser ses jambes le long de l'établi.

— Où vas-tu? demanda le vieillard.

— Chercher mon fer.

— Attends.

— Comment, que j'attende?

— Sans doute; est-ce qu'un homme de ton mérite est fait pour se déranger pour un fer!

— Mais il faut bien que j'aille à lui, puisqu'il ne peut venir à moi.

— Bah! dit le vieillard; parce que tu ne sais pas le faire venir.

Alors il tira de sa poche un violon et un archet, et fit entendre quelques accords.

A la première note, le fer s'agita en cadence et vint en dansant jusqu'au pied de l'établi; arrivé là, le vieillard tira de l'instrument un accord plus aigu, et le fer sauta sur l'établi.

— Diable! dit Térence, voilà un instrument au son duquel on doit bien danser.

— Achève mes culottes, dit le vieillard, et je t'en jouerai un air après.

Le tailleur saisit le fer avec une poignée, retourna les culottes, étendit les coutures sur un rouleau de bois, et les aplatit avec tant d'ardeur qu'elles avaient disparu, et que les culottes semblaient d'une seule pièce. Puis, lorsqu'il eut fini :

— Tenez, dit-il au vieillard, vous pouvez vous vanter d'avoir là une paire de culottes comme aucun tailleur de la Calabre n'est capable de vous en faire. Il est vrai aussi, ajouta-t-il à demi-voix que, si vous êtes homme de parole, vous allez me rendre un service que vous seul pouvez me rendre.

Le diable prit les culottes, les examina d'un air de satisfaction qui ne laissait rien à désirer à l'amour-propre de maître Térence. Puis, après avoir eu la précaution de passer sa queue par le trou ménagé à cet effet, il les fit glisser du bout de ses pieds à leur place naturelle, sans avoir eu la peine d'ôter les anciennes, attendu que, comptant sans doute sur celles-là, il s'était contenté de passer simplement un habit et un gilet; puis il serra la boucle de la ceinture, boutonna les jarretières et se regarda avec satisfaction dans le miroir cassé que maître Térence mettait à la disposition de ses pratiques pour qu'elles jugeassent incontinent du talent de leur honorable habilleur. Les culottes allaient comme si, au lieu de prendre mesure sur don Girolamo, on l'avait prise sur le vieillard lui-même.

— Maintenant, dit le vieillard après avoir fait trois ou quatre pliés à la manière des maîtres de danse, pour assouplir le vêtement au moule qu'il recouvrait ; maintenant tu as tenu ta parole, à mon tour de tenir la mienne, et, prenant son violon et son archet, il se mit à jouer un cotillon si vif et si dansant, qu'au premier accord maître Térence se trouva debout sur son établi, comme si la main de l'ange qui portait Habacuc l'avait soulevé par les cheveux, et qu'aussitôt il se mit à sauter avec une frénésie dont, même à l'époque où il passait pour un beau danseur, il n'avait jamais eu l'idée. Mais ce ne fut pas tout, ce délire chorégraphique fut aussitôt partagé par tous les objets qui se trouvaient dans la chambre ; la pelle donna la main aux pincettes et les tabourets aux chaises ; les ciseaux ouvrirent leurs jambes ; les épingles et les aiguilles se dressèrent sur leurs pointes, et un ballet général commença, dont maître Térence était le principal acteur, et dont tous les objets environnants étaient les accessoires. Pendant ce temps, le vieillard se tenait au milieu de la chambre, battant la mesure de son pied fourchu et indiquant d'une voix grêle les figures les plus fantastiques qui étaient à l'instant même exécutées par le tailleur et ses acolytes, et pressant toujours la mesure de façon que non-seulement maître Térence paraissait hors de lui-même, mais encore que la pelle et les pincettes étaient rouges comme si elles sortaient du feu, que les chaises et les tabourets s'échevelaient, et que l'eau coulait le long des ciseaux, des épingles et des aiguilles, comme s'ils étaient en nage; enfin, à un dernier accord plus violent que les autres, la tête de maître Térence alla frapper le plafond avec une telle violence, que toute la maison en fut ébranlée, et que la porte de la chambre à coucher s'ouvrant la signora Judith parut sur le seuil.

Soit que le terme du ballet fût arrivé, soit que cette apparition stupéfiât le vieillard lui-même, à la vue de la digne femme la musique cessa. Aussitôt maître Térence retomba assis sur son établi, la pelle et les pincettes se couchèrent à côté l'une de l'autre, les tabourets et les chaises se raffermirent sur leurs quatre pieds, les ciseaux rapprochèrent leurs jambes, les épingles se renfoncèrent dans leur pelote, et les aiguilles rentrèrent dans leur étui.

Un silence de mort succéda à l'horrible brouhaha qui depuis un quart d'heure se faisait entendre.

Quant à Judith, la pauvre femme, comme on le comprend bien, était stupéfaite de colère en voyant que son mari profitait de son sommeil pour donner bal chez lui. Mais elle n'était pas femme à contenir sa rage et à rester figée en face d'un pareil outrage : elle sauta sur les pincettes afin d'étriller vigoureusement son mari; mais, comme de son côté maître Térence était familiarisé avec son caractère, en même temps qu'elle saisissait l'arme avec laquelle elle comptait corriger le délinquant, il sautait, lui, à bas de son établi, et, saisissant le diable par sa longue queue, il se fit un rempart de son allié. Malheureusement Judith n'était pas femme à compter ses ennemis, et, comme dans certains moments il fallait qu'elle frappât n'importe sur qui, elle alla droit au vieillard qui la regardait faire de son air goguenard, et, levant sur lui

la pincette, elle lui en donna de toute sa force
un coup sur le front; mais ce coup, au grand
étonnement de Judith, n'eut d'autre résultat
que de faire jaillir de l'endroit frappé une
longue corne noire. Judith redoubla et frappa
de l'autre côté, ce qui fit à l'instant même
jaillir une seconde corne de la même dimen-
sion et de la même couleur. A cette double
apparition, Judith commença de comprendre
à qui elle avait affaire et voulut faire retraite
dans sa chambre; mais, au moment où elle
allait en franchir le seuil, le vieillard porta
son violon à son épaule, posa l'archet sur les
cordes et commença un air de valse, mais si
jovial, si entraînant, si fascinateur, que, si
peu que le cœur de la pauvre Judith fût dis-
posé à la danse, son corps, forcé d'obéir,
sauta du seuil de la porte au milieu de la
chambre et se mit à valser frénétiquement,
bien qu'elle jetât les hauts cris et s'arrachât
les cheveux de désespoir; tandis que Térence,
sans lâcher la queue du diable, tournait sur
lui-même, et que les pelles, les pincettes, les
chaises, les tabourets, les ciseaux, les épingles et les aiguilles reprenaient part au ballet

diabolique. Cela dura dix minutes ainsi, pendant lesquelles le vieux gentilhomme eut l'air de fort s'amuser des cris et des contorsions de Judith, qui, à la dernière mesure, finit, comme avait fait Térence, par tomber haletante sur le carreau; en même temps que tous les autres meubles, auxquels la tête tournait, roulaient pêle-mêle dans la chambre.

—Maintenant, dit le musicien avec une petite pause, comme tout cela n'est qu'un prélude et que je suis homme de parole, vous allez, mon cher Térence, ouvrir la porte; je vais jouer un petit air pour Judith toute seule, et nous allons nous en aller danser ensemble en plein air.

Judith poussa un cri terrible en entendant ces paroles et essaya de fuir; mais au même instant un air nouveau retentit, et Judith, entraînée par une puissance surnaturelle, se remit à sauter avec une vigueur nouvelle, tout en suppliant maître Térence, par tout ce qu'il avait de plus sacré au monde, de ne point souffrir que le corps et l'âme de sa pauvre femme suivissent un pareil guide; mais le tailleur, sourd aux cris de Judith, comme si souvent Judith avait été sourde aux siens, ouvrit la porte comme le lui avait commandé le gentilhomme cornu; aussitôt le vieillard s'en alla, sautillant sur ses pieds fourchus et tirant une langue rouge comme flamme, suivi par Judith, qui se tordait les bras de désespoir tandis que ses jambes battaient les entrechats les plus immodérés et les bourrées les plus frénétiques. Le tailleur les suivit quelque temps pour voir où ils allaient comme cela, et il les vit d'abord traverser en dansant un petit jardin, puis s'enfoncer dans une ruelle qui donnait sur la mer, puis enfin disparaître dans l'obscurité. Quelque temps encore il entendit le son strident du violon, le rire aigre du vieillard et les cris désespérés de Judith; mais tout à coup, musique, rires, gémissements cessèrent; un bruit, comme celui d'une enclume rougie qu'on plongerait dans l'eau, leur succéda; un éclair rapide et bleuâtre sillonna le ciel, répandant une effroyable odeur de soufre par toute la contrée; puis tout rentra dans le silence et dans l'obscurité.

Térence rentra chez lui, referma la porte à double tour, remit pelles, pincettes, tabourets, chaises, ciseaux, épingles et aiguilles à leur place, et alla se coucher en bénissant à la fois Dieu et le diable de ce qui venait de lui arriver.

Le lendemain, et après avoir dormi comme cela ne lui était pas arrivé depuis dix ans, Térence se leva, et, pour se rendre compte du chemin qu'avait pris sa femme, il suivit les traces du vieux gentilhomme; ce qui était on ne peut plus facile, son pied fourchu ayant laissé son empreinte d'abord dans le jardin, ensuite dans la petite ruelle, et enfin sur le sable du rivage, où il s'était perdu dans la frange d'écume qui bordait la mer.

Depuis ce moment, Térence le tailleur est l'homme le plus heureux de la terre, et n'a pas manqué un seul jour, à ce qu'il assure, de prier soir et matin pour le digne gentilhomme qui est si généreusement venu à son aide dans son affliction.

Je ne sais si ce fut Dieu ou le diable qui

s'en mêla, mais je fus loin d'avoir une nuit aussi tranquille que celle dont avait joui le bonhomme Térence la nuit du départ de sa femme ; aussi à sept heures du matin étais-je dans les rues de Palma.

Comme je l'avais présumé, il n'y avait absolument rien à voir ; toutes les maisons étaient de la veille, et les deux ou trois églises où nous entrâmes datent d'une vingtaine d'années ; il est vrai qu'en échange on a du rivage de la mer, réunie dans un seul panorama, la vue de toutes les îles Ioniennes.

A neuf heures moins un quart nous nous rendîmes chez M. Piglia : le déjeuner était prêt, et au moment où nous entrâmes il donna l'ordre de mettre les mules à la voiture. Nous avions cru d'abord que M. Piglia nous confierait tout bonnement à son cocher ; mais point : avec une grâce toute particulière il prétendit avoir à Gioja une affaire pressante, et, quelles que fussent nos instances, il n'y eut pas moyen de l'empêcher de nous accompagner.

M. Piglia avait raison de dire que nous réparerions le temps perdu : en moins d'une heure nous fîmes les huit milles qui séparent Palma de Gioja. A Gioja nous trouvâmes notre muletier et nos mulets, qui étaient arrivés depuis une demi-heure et qui étaient repus et reposés. L'étape était énorme jusqu'à Monteleone ; nous prîmes congé de M. Piglia, nous enfourchâmes nos mules et nous partîmes.

En sortant de Gioja, au lieu de suivre les bords de la mer qui ne pouvaient guère rien nous offrir de nouveau, nous prîmes la route de la montagne, plus dangereuse, nous assura-t-on, mais aussi plus pittoresque. D'ailleurs, nous étions si familiarisés avec les menaces de danger qui ne se réalisaient jamais sérieusement, que nous avions fini par les regarder comme entièrement chimériques. Au reste, le passage était superbe, partout il conservait un caractère de grandeur sauvage qui s'harmoniait parfaitement avec les rares personnages qui le vivifiaient. Tantôt c'était un médecin faisant ses visites à cheval, avec son fusil en bandoulière et sa giberne autour du corps ; tantôt c'était le pâtre calabrais, drapé dans son manteau déguenillé, se tenant debout sur quelque rocher dominant la route, et pareil à une statue qui aurait des yeux vivants, nous regardant passer à ses pieds, sans curiosité et sans menace, insouciant comme tout ce qui est sauvage, puissant comme tout ce qui est libre, calme comme tout ce qui est fort ; tantôt enfin c'étaient des familles tout entières dont les trois générations émigraient à la fois : la mère assise sur un âne, tenant d'un bras son enfant et de l'autre une vieille guitare, tandis que les vieillards tiraient l'animal par la bride, et que les jeunes gens, portant sur leurs épaules des instruments de labourage, chassaient devant eux un cochon destiné à succéder probablement aux provisions épuisées. Une fois nous rencontrâmes, à une lieue à peu près d'un de ces groupes qui nous avait paru marcher avec une célérité remarquable, le véritable propriétaire de l'animal immonde, qui nous arrêta pour nous demander si nous n'avions pas rencontré une troupe de bandits calabrais qui emmenaient sa troïa. A la description qu'il nous fit de la pauvre bête qui, selon lui, était près de mettre bas, il nous fut impossible de méconnaître les voleurs dans les derniers bipèdes et le cochon dans le dernier quadrupède que nous avions rencontrés ; nous donnâmes au requérant les renseignements que notre conscience ne nous permettait pas de lui taire, et nous le vîmes repartir au galop à la poursuite de la tribu voyageuse.

Un quart de lieue en avant de Rosarno, nous trouvâmes un si délicieux paysage à la manière du Poussin, avec une prairie pleine de bœufs au premier plan, et au second une forêt de châtaigniers du milieu de laquelle se détachait sur une partie d'azur un clocher d'une forme charmante, tandis qu'une ligne de montagnes sombres formait le troisième plan, que Jadin réclama son droit de halte, ce droit qui lui était toujours accordé sans conteste. Je le laissai s'établir à son point de vue, et je me mis à chasser dans la montagne. Nous gagnâmes à cet arrangement un charmant dessin pour notre album et deux perdrix rouges pour notre souper.

En arrivant à Rosarno notre guide renouvela ses instances habituelles pour que nous n'allassions pas plus avant. Mais comme ses mules venaient de se reposer une heure, et que, grâce à une maison située sur la route et où il s'était procuré à nos dépens un sac d'avoine, elles avaient fait un excellent repas, nous eûmes l'air de ne pas entendre et nous continuâmes notre route jusqu'à Mileto. A Mileto ce fut un véritable désespoir quand nous lui réitérâmes notre intention irrévocable d'aller coucher à Monteleone : il était sept heures du soir, et nous avions encore sept milles à faire ; de sorte que, comme on le comprend bien, nous ne pouvions cette fois manquer d'être arrêtés. Pour comble de malheur, en traversant la grande place de Mileto, j'aperçus un tombeau antique représentant la mort de Penthésilée. Ce fut moi, à mon tour, qui réclamai un croquis, et une demi-heure s'écoula, au grand désespoir de notre guide, en face de cette pierre, où il assura qu'il ne voyait cependant rien de bien digne de nous arrêter.

Il était nuit presque close lorsque nous sortîmes de la ville, et je dois le dire à l'honneur de notre pauvre muletier, à un quart de lieu au delà des dernières maisons, la route s'escarpait si brusquement dans la montagne et s'enfonçait dans un bois de châtaigniers si sombre, que nous-mêmes nous ne pûmes nous empêcher d'échanger un coup d'œil, et par un mouvement simultané de nous assurer que les capsules de nos fusils et de nos pistolets étaient bien à leurs places. Ce ne fut pas tout : jugeant qu'il était inutile de faire aussi par trop beau jeu à ceux qui pourraient avoir de mauvaises intentions sur nous, nous descendîmes de nos montures, nous en remîmes les brides aux mains de notre guide, nous fîmes passer nos pistolets de nos fontes à nos ceintures, et, après avoir fait prendre à nos mules le milieu de la route, nous nous plaçâmes au milieu d'elles, de sorte que de chaque côté elles nous tenaient lieu de rempart; mais je dois dire en l'honneur des Calabrais que cette précaution était parfaitement inutile. Nous fîmes nos sept milles sans rencontrer autre chose que des pâtres ou des paysans qui, au lieu de nous chercher noise, s'empressèrent de nous saluer les premiers de l'éternel *buon viaggio*, que notre guide n'entendait jamais sans frissonner des pieds à la tête.

Nous arrivâmes à Monteleone à nuit close, ce qui fit que notre prudent muletier nous arrêta au premier bouchon qu'il rencontra; comme on voyait à peine à quatre pas devant soi, il n'y avait pas moyen de chercher mieux.

Dieu préserve mon plus mortel ennemi d'arriver à Montelcone à l'heure où nous y arrivâmes, et de s'arrêter chez maître Antonio Adamo.

A Monteleone, nous commençâmes à entendre parler du tremblement de terre qui avait, trois jours auparavant, si inopinément interrompu notre bal. La secousse avait été assez violente, et quoique aucun accident sérieux ne fût arrivé, les Montéléoniens avaient eu un instant grand' peur de voir se renouveler la catastrophe qui, en 1783, avait entièrement détruit leur ville.

Nous passâmes chez maître Adamo une des plus mauvaises nuits que nous eussions encore passées. Quant à moi, je fis mettre successivement trois paires de draps différentes à mon lit; encore la virginité de cette troisième paire me parut-elle si douteuse, que je me décidai à me coucher tout habillé.

Le lendemain, au point du jour, nous fîmes seller nos mules, et nos partîmes pour le Pizzo. En arrivant au haut de la chaîne de montagnes qui courait à notre gauche, nous retrouvâmes la mer, et, assise au bord du rivage, la ville historique que nous venions y chercher.

Mais ce qu'à notre grand regret nous cherchâmes inutilement dans le port, ce fut notre speronare. En effet, en consultant la fumée de Stromboli, qui s'élevait à une trentaine de milles devant nous au milieu de la mer, nous vîmes que le vent n'avait point changé et venait du nord.

Par un étrange hasard, nous entrions au Pizzo le jour du vingtième anniversaire de la mort de Murat.

CHAPITRE XII.

LE PIZZO.

Il y a certaines villes inconnues où il arrive tout à coup de ces catastrophes si inattendues, si retentissantes et si terribles, que leur nom devient tout à coup un nom européen, et qu'elles s'élèvent au milieu du siècle comme un de ces jalons historiques plantés par la main de Dieu pour l'éternité : tel est le sort du Pizzo. Sans annales dans le passé et probablement sans histoire dans l'avenir, il vit de son illustration d'un jour, et est devenu une des stations homériques de l'Iliade napoléonienne.

On n'ignore pas, en effet, que c'est dans la ville du Pizzo que Murat vint se faire fusiller, là que cet autre Ajax trouva une mort obscure et sanglante, après avoir cru un instant que, lui aussi, il échapperait malgré les dieux.

Un mot sur cette fortune si extraordinaire que, malgré le souvenir des fautes qui s'attachent au nom de Murat, ce nom est devenu en France le plus populaire de l'empire après celui de Napoléon.

Ce fut un sort étrange que celui-là : né dans une auberge, élevé dans un pauvre village, Murat parvient, grâce à la protection d'une famille noble, à obtenir une bourse au collége de Cahors, qu'il quitte bientôt pour aller terminer ses études au séminaire de Toulouse. Il doit être prêtre, il est déjà sous-diacre, on l'appelle l'abbé Murat, lorsque, pour une faute légère dont il ne veut pas demander pardon, on le renvoie à la Bastide. Là il retrouve l'auberge paternelle dont il devient un instant le premier domestique. Bientôt cette existence le lasse. Le 12ᵉ régiment de chasseurs passe devant sa porte, il va trouver le colonel et s'engage. Six mois après il est maréchal de logis; mais une faute contre la discipline le fait chasser du régiment comme il a été chassé du séminaire. Une seconde fois son père le voit revenir, et ne le reçoit qu'à la condition qu'il reprendra son rang parmi ses serviteurs. En ce moment la garde constitutionnelle de Louis XVI est décrétée, Murat est désigné pour en faire partie; il part avec un de ses camarades, et arrive avec lui à Paris. Le camarade se nomme Bessières: ce sera le duc d'Istrie.

Bientôt Murat quitte la garde constitutionnelle, comme il a quitté le séminaire, comme il a quitté son premier régiment. Il entre dans les chasseurs avec le grade de sous-lieutenant. Un an après il est lieutenant-colonel. C'est alors un révolutionnaire enragé; il écrit au club des Jacobins pour changer son nom de Murat en celui de Marat. Sur ces entrefaites, le 9 thermidor arrive, et, comme le club des Jacobins n'a pas eu le temps de faire droit à sa demande, Murat garde son nom.

Le 13 vendémiaire arrive, Murat se trouve sous les ordres de Bonaparte. Le jeune général flaire l'homme de guerre. Il a le commandement de l'armée d'Italie, Murat sera son aide-de-camp.

Alors Murat grandit avec l'homme à la fortune duquel il s'est attaché. Il est vrai que Murat est de toutes les victoires; il charge le premier à la tête de son régiment; il monte le premier à l'assaut; il entre le premier dans les villes. Aussi est-il fait successivement, et en moins de six ans, général de division, général en chef, maréchal de l'empire, prince, grand amiral, grand-aigle de la Légion d'honneur, grand-duc de Berg, roi de Naples. Celui qui voulait s'appeler *Marat* va s'appeler *Joachim Napoléon*.

Mais le roi des Deux-Siciles est toujours le soldat de Rivoli et le général d'Aboukir. Il a fait de son sabre un sceptre, et de son casque une couronne; voilà tout. Ostrowno, Smolensk et la Moscowa le retrouvent tel que l'avaient connu la Corona et le Tagliamento; et le 16 septembre 1812 il entra le premier à Moscou, comme le 13 novembre 1805 il est entré le premier à Vienne.

Ici s'arrête la vie glorieuse et triomphante.

Moscou est l'apogée de la grandeur de Murat et de Napoléon. Mais l'un est un héros, l'autre n'est qu'un homme. Napoléon va tomber, Murat va descendre.

Le 5 décembre 1812, Napoléon remet le commandement de l'armée à Murat. Napoléon a fait Murat ce qu'il est; Murat lui doit tout, grades, position, fortune : il lui a donné sa sœur et un trône. A qui se fiera Napoléon, s'il ne se fie point à Murat, ce garçon d'auberge qu'il a fait roi?

L'heure des trahisons va venir; Murat la devance. Murat quitte l'armée, Murat tourne le dos à l'ennemi, Murat l'invincible est vaincu par la peur de perdre son trône. Il arrive à Naples pour marchander sa couronne aux ennemis de la France; des négociations se nouent avec l'Autriche et la Russie. Que le vainqueur d'Austerlitz et de Marengo tombe maintenant, qu'importe! le fuyard de Wilna restera debout.

Mais Napoléon a frappé du pied le sol, et 300,000 soldats en sont sortis. Le géant terrassé a touché sa mère, et comme Antée il est debout pour une nouvelle lutte. Murat écoute avec inquiétude ce canon septentrional qui retentit encore au fond de la Saxe quand il croit l'étranger au cœur de la France. Deux noms de victoire arrivent jusqu'à lui et le font tressaillir : Lutzen, Bautzen. A ce bruit, Joachim redevient Murat ; il redemande son sabre d'honneur et son cheval de bataille. De la même course dont il avait fui, le voilà qui accourt. Il était, disait-on, dans son palais de Caserte ou de Chiatamonte ; non pas, il coupe les routes de Freyberg et de Pyrna ; non pas, il est à Dresde, où il écrase toute une aile de l'armée ennemie. Pourquoi Murat ne fut-il pas tué à Bautzen comme Duroc, ou ne se noya-t-il pas à Leipsick comme Poniatowski?...

Il n'eût pas signé le 11 janvier 1814, avec la cour de Vienne, le traité par lequel il s'engageait à fournir aux alliés 30,000 hommes et à marcher à leur tête contre la France.

Moyennant quoi il resta roi de Naples, tandis que Napoléon devenait souverain de l'île d'Elbe.

Mais un jour Joachim s'aperçoit qu'à son

tour son nouveau trône s'ébranle et vacille au milieu des vieux trônes. L'antique famille des rois rougit du parvenu que Napoléon l'a forcée de traiter en frère. Les Bourbons de France ont demandé à Vienne la déchéance de Joachim.

En même temps, un bruit étrange se répand. Napoléon a quitté l'île d'Elbe et marche sur Paris. L'Europe le regarde passer.

Murat croit que le moment est venu de faire contrepoids à cet événement qui fait pencher le monde. Il a rassemblé sourdement 70,000 hommes, il se rue avec eux sur l'Autriche; mais ces 70,000 hommes ne sont plus des Français. Au premier obstacle auquel il se heurte, il se brise. Son armée disparaît comme une fumée. Il revient seul à Naples, se jette dans une barque, gagne Toulon, et vient demander l'hospitalité de l'exil à celui qu'il a trahi.

Napoléon se contente de lui répondre : — Vous m'avez perdu deux fois; la première, en vous déclarant contre moi; la seconde, en vous déclarant pour moi. Il n'y a plus rien de commun entre le roi de Naples et l'empereur des Français. Je vaincrai sans vous, ou je tomberai sans vous.

A partir de ce moment, Joachim cessa d'exister pour Napoléon. Une seule fois, lorsque le vainqueur de Ligny poussait ses cuirassiers sur le plateau du mont Saint-Jean, et qu'il les voyait successivement s'anéantir sur les carrés anglais, il murmura : — Ah! si Murat était ici!...

Murat avait disparu. Nul ne savait ce que Murat était devenu; il ne devait reparaître que pour mourir.

Entrons au Pizzo.

Comme on le comprend bien, le Pizzo, ainsi qu'Avignon, était pour moi presqu'un pèlerinage de famille. Si le maréchal Brune était mon parrain, le roi de Naples était l'ami de mon père. Enfant, j'ai tiré les favoris de l'un et les moustaches de l'autre, et plus d'une fois j'ai caracolé sur le sabre du vainqueur de Fribourg, coiffé du bonnet aux plumes éclatantes du héros d'Aboukir.

Je venais donc recueillir une à une, si je puis le dire, les dernières heures d'une des plus cruelles agonies dont les fastes de l'histoire aient conservé le souvenir.

J'avais pris toutes mes précautions d'avance. A Vulcano, on se le rappelle, les fils du général Nunziante m'avaient donné une lettre de recommandation pour le chevalier Alcala. Le chevalier Alcala, général du prince de l'Infantado, se trouvait en 1817 au Pizzo qu'il habite encore, et il avait rendu à Murat prisonnier tous les services qu'il avait pu lui rendre. Pendant tous les jours de sa captivité il lui avait fait visite, et enfin il avait pris congé de lui dans un dernier adieu, quelques instants avant sa mort.

J'eus à peine remis à M. le chevalier Alcala la lettre de recommandation dont j'étais porteur, qu'il comprit l'intérêt que je devais prendre aux moindres détails de la catastrophe dont je voulais me faire l'historien, et qu'il mit tous ses souvenirs à ma disposition.

D'abord nous commençâmes par visiter le Pizzo.

Le Pizzo est une petite ville de 15 ou 1,800 âmes, bâtie sur le prolongement d'un des contreforts de la grande chaîne de montagnes qui part des Apennins, un peu au-dessus de Potenza, et s'étend jusqu'à Reggio en divisant toute la Calabre. Comme à Scylla, ce contrefort s'étend jusqu'à la mer par une longue arête de rochers, sur le dernier desquels est bâtie la citadelle.

Des deux côtés, le Pizzo domine donc la plage de la hauteur d'une centaine de pieds. A sa droite est le golfe de Sainte-Euphémie, à sa gauche est la côte qui s'étend jusqu'au cap Lambroni.

Au milieu du Pizzo est une grande place de forme à peu près carrée, mal bâtie, et à laquelle aboutissent trois ou quatre rues tortueuses. A son extrémité méridionale, cette rue est ornée de la statue du roi Ferdinand, père de la reine Amélie et grand-père du roi de Naples actuel.

Des deux côtés de cette place il faut descendre pour arriver à la mer; à droite, on descend par une pente douce et sablonneuse;

à gauche, par un escalier cyclopéen, formé, comme celui de Caprée, de larges dalles de granit.

Cet escalier descendu, on se trouve sur une plage parsemée de petites maisons ombragées de quelques oliviers; mais, à soixante pas du rivage, toute verdure manque, et l'on ne trouve plus qu'une nappe de sable, sur laquelle on enfonce jusqu'aux genoux.

Ce fut de cette petite plage que, le 8 octobre 1815, trois ou quatre pêcheurs, qui venaient de tendre leurs filets, qu'ils ne comptaient pas utiliser de la journée, attendu que ce 8 octobre était un dimanche, aperçurent une petite flottille composée de trois bâtiments qui, après avoir paru hésiter un instant sur la route qu'ils devaient suivre, se dirigèrent tout à coup vers le Pizzo. A cinquante pas du rivage à peu près, les trois bâtiments mirent en panne; une chaloupe fut descendue à la mer; trente et une personnes y descendirent, et la chaloupe s'avança aussitôt vers la côte. Trois hommes se tenaient debout à la proue : le premier de ces trois hommes était Murat; le second, le général Franceschetti, et le troisième, l'aide-de-camp Campana. Les autres individus qui chargeaient la chaloupe étaient vingt-cinq soldats et trois domestiques.

Quant à la flottille, dans laquelle était le reste des troupes et le trésor de Murat, elle était restée sous le commandement d'un nommé Barbara, Maltais de naissance, que Murat avait comblé de bontés, et qu'il avait nommé son amiral.

En arrivant près du rivage, le général Franceschetti voulut sauter à terre; mais Murat l'arrêta en lui posant la main sur la tête et en lui disant :

— Pardon, général, mais c'est à moi de descendre le premier.

A ces mots il s'élança et se trouva sur la plage. Le général Franceschetti sauta après Murat, et Campana après Franceschetti; les soldats débarquèrent ensuite, puis les valets.

Murat était vêtu d'un habit bleu, brodé d'or au collet, sur la poitrine et aux poches;

il avait un pantalon de casimir blanc, des bottes à l'écuyère, une ceinture à laquelle était passée une paire de pistolets, un chapeau brodé comme l'habit, garni de plumes, et dont la ganse était formée de quatorze diamants qui pouvaient valoir chacun mille écus à peu près; enfin, sous son bras gauche il portait roulée son ancienne bannière royale, autour de laquelle il comptait rallier ses nouveaux partisans.

A la vue de cette petite troupe les pêcheurs s'étaient retirés. Murat trouva donc la plage déserte. Mais il n'y avait pas à se tromper; de l'endroit où il était débarqué il voyait parfaitement l'escalier gigantesque qui conduit à la place : il donna l'exemple à sa petite troupe en se mettant à sa tête et en marchant droit à la ville.

Au milieu de l'escalier à peu près, il se retourna pour jeter un coup d'œil sur la flottille; il vit la chaloupe qui rejoignait le bâtiment; il crut qu'elle retournait faire un nouveau chargement de soldats, et continua de monter.

Comme il arrivait sur la place dix heures sonnaient. La place était encombrée de peuple : c'était l'heure où l'on allait commencer la messe.

L'étonnement fut grand lorsque l'on vit déboucher la petite troupe conduite par un homme si richement vêtu, par un général et par un aide-de-camp. Murat pénétra jusqu'au milieu de la place sans que personne le reconnût, tant on était loin de s'attendre à le revoir jamais. Murat cependant était venu au Pizzo cinq ans auparavant et à l'époque où il était roi.

Mais si personne ne le reconnut, il reconnut, lui, parmi les paysans, un ancien sergent qui avait servi dans sa garde à Naples. Murat, comme la plupart des souverains, avait la mémoire des noms. Il marcha droit à l'ex-sergent, lui mit la main sur l'épaule, et lui dit :
— Tu t'appelles Tavella ?

— Oui, dit celui-ci ; que me voulez-vous ?

— Tavella, ne me reconnais-tu pas ? continua Murat.

Tavella regarda Murat, mais ne répondit point.

— Tavella, je suis Joachim Murat, dit le roi. A toi l'honneur de crier le premier *vive Joachim !*

La petite troupe de Murat cria à l'instant *vive Joachim !* mais le Calabrais resta immobile et silencieux, et pas un des assistants ne répondit par un seul cri aux acclamations dont leur ancien roi avait donné lui-même le signal ; bien au contraire, une rumeur sourde commençait à courir dans la foule. Murat comprit ce frémissement d'orage, et s'adressant de nouveau au sergent :

— Tavella, lui dit-il, va me chercher un cheval, et, de sergent que tu étais, je te fais capitaine.

Mais Tavella s'éloigna sans répondre, s'enfonça dans une des rues tortueuses qui aboutissent à la place, rentra chez lui et s'y renferma.

Pendant ce temps, Murat était demeuré sur la place, où la foule devenait de plus en plus épaisse. Alors le général Franceschetti, voyant qu'aucun signe amical n'accueillait le roi, et que tout au contraire les figures sévères des assistants s'assombrissaient de minute en minute, s'approcha du roi : — Sire, lui dit-il, que faut-il faire ?

— Crois-tu que cet homme m'amènera un cheval ?

— Je ne le crois point, dit Franceschetti.

— Alors, allons à pied à Monteleone.

— Sire, il serait plus prudent peut-être de retourner à bord.

— Il est trop tard, dit Murat; les dés sont jetés, que ma destinée s'accomplisse à Monteleone. A Monteleone!

— A Monteleone! répéta toute la troupe; et elle suivit le roi qui, lui montrant le chemin, marchait à sa tête.

Le roi prit, pour aller à Monteleone, la route que nous venions de suivre nous-mêmes pour venir de cette ville au Pizzo; mais déjà, et dans cette circonstance suprême, il y avait trop de temps perdu. En même temps que

Tavella, trois ou quatre hommes s'étaient esquivés, non pas pour s'enfermer chez eux comme l'ex-sergent de la garde napolitaine, mais pour prendre leurs fusils et leurs gibernes, ces éternels compagnons du Calabrais. L'un de ces hommes, nommé Georges Pellegrino, à peine armé, avait couru chez un capitaine de gendarmerie nommé Trenta Capelli, dont les soldats étaient à Cosenza, mais qui se trouvait, lui, momentanément dans sa famille au Pizzo, et lui avait raconté ce qui venait d'arriver, en lui proposant de se mettre à la tête de la population et d'arrêter Murat. Trenta Capelli avait aussitôt compris quels avantages résulteraient immanquablement pour lui d'un pareil service rendu au gouvernement. Il était en uniforme, tout prêt d'assister à la messe; il s'élança de chez lui, suivi de Pellegrino, courut sur la place, proposa à toute la population, déjà en rumeur, de se mettre à la poursuite de Murat. Le cri *aux armes!* retentit aussitôt; chacun se précipita dans la première maison venue, en sortit avec un fusil, et, guidée par Trenta Capelli et Georges Pellegrino, toute cette foule s'élança sur la route de Monteleone, coupant la retraite à Murat et à sa petite troupe.

Murat avait atteint le pont qui se trouve à trois cents pas à peu près en avant du Pizzo, lorsqu'il entendit derrière lui les cris de toute cette meute qui aboyait sur sa voie; il se retourna, et, comme il ne savait pas fuir, il attendit.

Trenta Capelli marchait en tête. Lorsqu'il vit Murat s'arrêter, il ne voulut pas perdre l'occasion de le faire prisonnier de sa main; il fit donc signe à la population de se tenir où elle était, et s'avançant seul contre Murat, qui de son côté s'avançait seul vers lui : — Vous voyez que la retraite vous est coupée, lui dit-il; vous voyez que nous sommes trente contre un et que par conséquent il n'y a pas moyen pour vous de résister; rendez-vous donc, et vous épargnerez l'effusion du sang.

— J'ai quelque chose de mieux que cela à vous offrir, dit à son tour Murat; suivez-moi, réunissez-vous à moi avec cette troupe, et il y a les épaulettes de général pour vous, et pour chacun de ces hommes cinquante louis.

— Ce que vous me proposez est impossible, dit Trenta Capelli, nous sommes tous dévoués au roi Ferdinand à la vie et à la mort; vous ne pouvez en douter, pas un d'eux n'a répondu à votre cri de *Vive Joachim!* n'est-ce pas? Écoutez.

Et Trenta Capelli, levant son épée en l'air, cria : *Vive Ferdinand!*

— *Vive Ferdinand!* répéta d'une seule voix toute la population, à laquelle commençaient à se mêler les femmes et les enfants, qui accouraient et s'amassaient à l'arrière-garde.

— Il en sera donc ce que Dieu voudra, dit Joachim, mais je ne me rendrai pas.

— Alors, dit Trenta Capelli, que le sang retombe sur ceux qui le feront couler.

— Dérangez-vous, capitaine, dit Murat, vous empêchez cet homme de m'ajuster.

Et il lui montra du doigt Georges Pellegrino qui le mettait en joue.

Trenta Capelli se jeta de côté, le coup partit, mais Murat n'en fut point atteint.

Alors Murat comprit que si un seul coup de fusil était tiré de son côté, une boucherie allait commencer, dans laquelle lui et ses hommes seraient mis en morceaux : il voyait qu'il s'était trompé sur l'esprit des Calabrais; il n'avait plus qu'une ressource, celle de regagner sa flottille. Il fit un signe à Franceschetti et à Campana, et s'élançant du haut du pont sur la plage, c'est-à-dire d'une hauteur de trente à trente-cinq pieds à peu près, il tomba dans le sable sans se faire aucun mal; Campana et Franceschetti sautèrent après lui, et eurent le même bonheur que lui. Tous trois alors se mirent à courir vers le rivage, au milieu des vociférations de toute la populace qui, n'osant les suivre par le même chemin, redescendit en hurlant vers le Pizzo pour regagner le large escalier dont nous avons parlé et qui conduit à la plage.

Murat se croyait sauvé, car il comptait retrouver la chaloupe sur le rivage et la flottille à la place où il l'avait laissée; mais en levant les yeux vers la mer, il vit la flottille qui l'abandonnait et gagnait le large, emmenant la chaloupe amarrée à la proue du navire-amiral que montait Barbara. Ce misérable livrait son maître pour s'emparer de trois millions qu'il savait être dans la chambre du roi.

Murat ne put croire à tant de trahison; il mit son drapeau au bout de son épée et fit des signaux, mais les signaux restèrent sans réponse. Pendant ce temps, les balles de ceux qui étaient restés sur le pont pleuvaient autour de lui, tandis qu'on commençait à voir déboucher par la place la tête de la colonne qui s'était mise à la poursuite des fugitifs. Il n'y avait pas de temps à perdre, une seule chance de salut restait, c'était de pousser à la mer une barque qui s'en trouvait à vingt pas et de faire force de rames vers la flottille, qui, alors, reviendrait sans doute au secours du roi. Murat et ses compagnons se mirent donc à pousser la barque avec l'énergie du désespoir. La barque glissa sur le sable et atteignit l'eau; en ce moment, une décharge partit, et Campana tomba mort. Trenta Capelli, Pellegrino et toute leur suite n'étaient plus qu'à cinquante pas de la barque, Franceschetti sauta dedans, et de l'impulsion qu'il lui donna l'éloigna de deux ou trois pas du rivage. Murat voulut sauter à son tour, mais, par une de ces petites fatalités qui brisent les hautes fortunes, les éperons de ses bottes à l'écuyère restèrent accrochés dans un filet qui était étendu sur la plage. Arrêté dans son élan, Murat ne put atteindre la barque, et tomba le visage dans l'eau. Au même instant, et avant qu'il eût pu se relever, toute la population était sur lui : en une seconde ses épaulettes furent arrachées, son habit en lambeaux et sa figure en sang. La curée royale se fût faite à l'instant même, et chacun en eût emporté son morceau à belles dents, si Trenta Capelli et Georges Pellegrino ne fussent parvenus à le couvrir de leurs corps. On remonta en tumulte l'escalier qui conduisait à la ville. En passant au pied de la statue de Ferdinand, les vociférations redoublèrent. Trenta Capelli et Pellegrino virent que Murat serait massacré s'ils ne le tiraient pas au plus vite des mains de cette populace; ils l'entraînèrent vers le château, y entrèrent avec lui, se firent ouvrir la porte de la première prison venue, le poussèrent dedans, et la refermèrent sur lui. Murat alla rouler tout étourdi sur le parquet, se releva, regarda autour de lui; il était au milieu d'une vingtaine d'hommes prisonniers comme lui, mais prisonniers pour vols et pour assassinats. L'ex-grand duc de Berg, l'ex-roi de Naples, le beau-frère de Napoléon, était dans le cachot des condamnés correctionnels.

Un instant après, le gouverneur du château entra; il se nommait Mattei, et comme il était en uniforme Murat le reconnut pour ce qu'il était.

— Commandant, s'écria alors Murat en se levant alors du banc où il était assis et en marchant droit au gouverneur, dites, dites, est-ce que c'est là une prison à mettre un roi?

A ces mots, et tandis que le gouverneur balbutiait quelques excuses, ce furent les condamnés qui se levèrent à leur tour, stupéfaits d'étonnement; ils avaient pris Murat pour un compagnon de vol et de brigandage, et voilà qu'ils le reconnaissaient maintenant pour leur ancien roi.

— Sire, dit Mattei, donnant dans son embarras au prisonnier le titre qu'il était défendu de lui donner, sire, si vous voulez me suivre, je vais vous conduire dans une chambre particulière.

— Il re Joachimo, il re Joachimo, murmurèrent les condamnés.

— Oui, leur dit Murat en se relevant de toute la hauteur de sa grande taille, oui, le roi Joachim, et qui, tout prisonnier et sans couronne qu'il est, ne sortira pas d'ici, cependant, sans laisser à ses compagnons de captivité, quels qu'ils soient, une trace de son passage.

A ces mots, il plongea la main dans la poche de son gousset, et en tira une poignée d'or qu'il laissa tomber sur le parquet; puis, sans attendre les remerciments des misérables dont il avait été un instant le compagnon, il fit signe au commandant Mattei qu'il était prêt à le suivre.

Le commandant marcha le premier, lui fit

traverser une petite cour et le conduisit dans une chambre dont les deux fenêtres donnaient, l'une sur la pleine mer, l'autre sur la plage où il avait été arrêté. Arrivé là, il lui demanda s'il désirait quelque chose.

— Je voudrais un bain parfumé et des tailleurs pour me refaire des habits.

— L'un et l'autre seront assez difficiles à vous procurer, général, reprit Mattei lui rendant cette fois le titre officiel qu'on était convenu de lui donner.

— Eh! pourquoi cela? demanda Murat.

— Parce que je ne sais où l'on trouvera ici des essences, et que parmi les tailleurs du Pizzo il n'y en a pas un capable de faire à votre excellence autre chose qu'un costume du pays.

— Achetez toute l'eau de Cologne que l'on trouvera, et faites venir des tailleurs de Monteleone: je veux un bain parfumé, je le paierai cinquante ducats; qu'on trouve moyen de me le faire, voilà tout. Quant aux habits, faites venir les tailleurs, et je leur expliquerai ce que je désire.

Le commandant sortit en indiquant qu'il allait essayer d'accomplir les ordres qu'il venait de recevoir.

Un instant après, des domestiques en livrée entrèrent : ils apportaient des rideaux de Damas pour mettre aux fenêtres, des chaises et des fauteuils pareils, et enfin des matelas, des draps et des couvertures pour le lit. La chambre dans laquelle se trouvait Murat étant celle du concierge, tous ces objets manquaient, ou étaient en si mauvais état que des gens de la plus basse condition pouvaient seuls s'en servir. Murat demanda de quelle part lui venait cette attention, et on lui répondit que c'était de la part du chevalier Alcala.

Bientôt on apporta à Murat le bain qu'il avait demandé. Il était encore dans la baignoire lorsqu'on lui annonça le général Nunziante : c'était une ancienne connaissance du prisonnier, qui le reçut en ami ; mais la position du général Nunziante était fausse, et Murat s'aperçut bientôt de son embarras. Le général, prévenu à Tropea de ce qui venait de se passer au Pizzo, venait pour remplir son devoir en interrogeant le prisonnier; et, tout en demandant à son roi pardon des rigueurs que lui imposait sa position, il commença un interrogatoire. Alors Murat se contenta de répondre : — Vous voulez savoir d'où je viens et où je vais, n'est-ce pas, général ? eh bien ! je viens de Corse, je vais à Trieste, l'orage m'a poussé sur les côtes de Calabre, le défaut de vivres m'a forcé de relâcher au Pizzo; voilà tout. Maintenant voulez-vous me rendre un service ? envoyez-moi des habits pour sortir du bain.

Le général comprit qu'il ne pouvait rester plus long-temps sans faire céder tout à fait les convenances à un devoir un peu rigoureux peut-être; il se retira donc pour attendre des ordres de Naples et envoya à Murat ce qu'il demandait.

C'était un uniforme complet d'officier napolitain. Murat s'en revêtit en souriant malgré lui de se voir habillé aux couleurs du roi Ferdinand; puis il demanda plume, encre et papier, et écrivit à l'ambassadeur d'Angleterre, au commandant des troupes autrichiennes et à la reine sa femme. Comme il achevait ces dépêches, deux tailleurs qu'on avait fait venir de Monteleone arrivèrent.

Aussitôt Murat, avec cette frivolité d'esprit qui le caractérisait, passa, des affaires de vie et de mort qu'il venait de traiter, à la commande, non pas de deux uniformes, mais de deux costumes complets : il expliqua dans les moindres détails quelle coupe il désirait pour l'habit, quelle couleur pour les pantalons, quelles broderies pour le tout; puis, certain qu'ils avaient parfaitement compris ses instructions, il leur donna quelques louis d'arrhes, et les congédia en leur faisant promettre que ses vêtements seraient prêts pour le dimanche suivant.

Les tailleurs sortis, Murat s'approcha d'une de ses fenêtres : c'était celle qui donnait sur la plage où il avait été arrêté. Une grande foule de monde était réunie au pied d'un petit fortin qu'on y peut voir encore aujourd'hui à fleur de terre. Murat chercha vainement à deviner ce que faisait là cet amas de curieux. En ce moment le concierge entra pour demander au prisonnier s'il ne voulait point souper. Murat l'interrogea sur la cause de ce rassemblement. — Oh ! ce n'est rien, répondit le concierge.

— Mais enfin que font là tous ces gens? demanda Murat en insistant.

— Bah ! répondit le concierge, ils regardent creuser une fosse.

Murat se rappela qu'au milieu du trouble amené par sa catastrophe il avait effectivement vu tomber près de lui un de ses deux compagnons, et que celui qui était tombé était Campana : cependant tout s'était passé d'une façon si rapide et si imprévue qu'à peine s'il avait eu le temps de remarquer les circonstances les plus importantes qui avaient immédiatement précédé et suivi son arrestation. Il espérait donc encore qu'il s'était trompé, lorsqu'il vit deux hommes fendre le groupe, entrer dans le petit fortin, et en sortir cinq minutes après portant le cadavre ensanglanté d'un jeune homme entièrement dépouillé de ses vêtements : c'était celui de Campana.

Murat tomba sur une chaise, et laissa aller sa tête dans ses deux mains : cet homme de bronze, qui avait toujours, exempt de blessures quoique toujours au feu, caracolé au milieu de tant de champs de bataille sans faiblir un seul instant, se sentit brisé à la vue inopinée de ce beau jeune homme, que sa famille lui avait confié, qui venait de tomber pour lui dans une échauffourée sans gloire, et que des indifférents enterraient comme un chien sans même demander son nom.

Au bout d'un quart d'heure Murat se releva et se rapprocha de nouveau de la fenêtre. Cette fois la plage, à part quelques curieux attardés, était à peu près déserte; seulement, à l'endroit que couvrait dix minutes auparavant le rassemblement qui avait attiré l'attention du prisonnier, une légère élévation, remarquable par la couleur différente que conservait la terre nouvellement retournée, indiquait l'endroit où Campana venait d'être enterré.

Deux grosses larmes silencieuses coulaient des yeux de Murat, et il était si profondément préoccupé qu'il ne voyait pas le concierge qui, entré depuis plusieurs minutes, n'osait point lui adresser la parole. Enfin, à un mouvement que le bonhomme fit pour attirer son attention, Murat se retourna.

— Excellence, dit-il, c'est le souper qui est prêt.

— Bien, dit Murat en secouant la tête comme pour faire tomber la dernière larme qui tremblait à sa paupière; bien, je te suis.

— Son excellence le général Nunziante demande s'il lui serait permis de dîner avec votre excellence.

— Parfaitement, dit Murat. Préviens-le, et reviens dans cinq minutes.

Murat employa ces cinq minutes à effacer de son visage toute trace d'émotion, de sorte que le général Nunziante entra lui-même à la place du concierge. Le prisonnier le reçut d'un visage si souriant qu'on eût dit que rien d'extraordinaire ne s'était passé.

Le dîner était préparé dans la chambre voisine; mais la tranquillité de Murat était toute superficielle; son cœur était brisé, et vainement essaya-t-il de prendre quelque chose. Le général Nunziante mangea seul; et, supposant que le prisonnier pouvait avoir besoin de quelque chose pendant la nuit, il fit porter un poulet froid, du pain et du vin dans sa chambre. Après être resté un quart d'heure à peu près à table, Murat, ne pouvant plus supporter la contrainte qu'il éprouvait, manifesta le désir de se retirer dans sa chambre et d'y rester seul et tranquille jusqu'au lendemain. Le général Nunziante s'inclina en signe d'adhésion, et reconduisit le prisonnier jusqu'à sa chambre. Sur le seuil, Murat se retourna et lui présenta la main; puis il rentra, et la porte se referma sur lui.

Le lendemain, à neuf heures du matin, une dépêche télégraphique arriva en réponse à celle qui avait annoncé la tentative de débarquement et l'arrestation de Murat. Cette dépêche ordonnait la convocation immédiate d'un conseil de guerre. Murat devait être jugé militairement et avec toute la rigueur de la loi qu'il avait rendue lui-même en 1810 contre tout bandit qui serait pris dans ses états les armes à la main.

Cependant cette mesure paraissait si rigoureuse au général Nunziante qu'il déclara que, comme il pouvait y avoir erreur dans l'interprétation des signes télégraphiques, il attendrait une dépêche écrite. De cette façon le prisonnier eut un sursis de trois jours, ce qui lui donna une nouvelle confiance dans la façon dont il allait être traité. Mais enfin, le 12 au matin, la dépêche écrite arriva. Elle était brève et précise; il n'y avait pas moyen de l'éluder. La voici :

« Naples, 9 octobre 1815.

» Ferdinand, par la grâce de Dieu, etc.

» Avons décrété et décrétons ce qui suit :

» ART. 1er. Le général Murat sera jugé par une commission militaire dont les membres seront nommés par notre ministre de la guerre.

» ART. 2. Il ne sera accordé au condamné

qu'une demi-heure pour recevoir les secours de la religion. »

Comme on le voit, on doutait si peu de la condamnation qu'on avait déjà réglé le temps qui devait s'écouler entre la condamnation et la mort.

Un second arrêté était joint à celui-ci. Ce second arrêté, qui découlait du premier, contenait les noms des membres choisis pour composer le conseil de guerre.

Toute la journée s'écoula sans que le général Nunziante eût le courage d'avertir Murat des nouvelles qu'il avait reçues. Dans la nuit du 12 au 13, la commission s'assembla; enfin, comme il fallait que le 13 au matin Murat parût devant ses juges, il n'y eut pas moyen de lui cacher plus long-temps la situation où il se trouvait; et le 13, à six heures du matin, l'ordonnance de mise en jugement lui fut signifiée, et la liste de ses juges lui fut communiquée.

Ce fut le capitaine Strati qui lui fit cette double signification, que Murat, si imprévue qu'elle fût pour lui, reçut cependant comme s'il y eût été préparé et le sourire du mépris sur les lèvres; mais, cette lecture achevée, Murat déclara qu'il ne reconnaissait pas un tribunal composé de simples officiers; que si on le traitait en roi, il fallait, pour le juger, un tribunal de rois; que si on le traitait en maréchal de France, son jugement ne pouvait être prononcé que par une commission de maréchaux; qu'enfin, si on le traitait en général, ce qui était le moins qu'on pût faire pour lui, il fallait rassembler un jury de généraux.

Le capitaine Strati n'avait pas mission de répondre aux interpellations du prisonnier : aussi se contenta-t-il de répondre que son devoir était de faire ce qu'il venait de faire, et que, le prisonnier connaissant mieux que personne les rigoureuses prescriptions de la discipline, il le priait de lui pardonner.

— C'est bien, dit Murat; d'ailleurs ce n'est pas sur vous autres que l'odieux de la chose retombera, c'est sur Ferdinand, qui aura traité un de ses frères en royauté comme il aurait traité un brigand. Allez, et dites à la commission qu'elle peut procéder sans moi. Je ne me rendrai pas au tribunal; et si l'on m'y porte de force, aucune puissance humaine n'aura le pouvoir de me faire rompre le silence.

Strati s'inclina et sortit. Murat, qui était encore au lit, se leva et s'habilla promptement : il ne s'abusait pas sur sa situation, il savait qu'il était condamné d'avance, et il avait vu qu'entre sa condamnation et son supplice une demi-heure seulement lui était accordée. Il se promenait à grands pas dans sa chambre, quand le lieutenant Francesco Froyo, rapporteur de la commission, entra : il venait prier Murat, au nom de ses collègues, de comparaître au tribunal, ne fût-ce qu'un instant; mais Murat renouvela son refus. Alors Francesco Froyo lui demanda quels étaient son nom, son âge et le lieu de sa naissance.

A cette question, Murat se retourna, et avec une expression de hauteur impossible à décrire :

— Je suis, dit-il, Joachim-Napoléon, roi

des Deux-Siciles, né à la Bastide-Fortunière, et l'histoire ajoutera : assassiné au Pizzo. Maintenant que vous savez ce que vous voulez savoir, je vous ordonne de sortir.

Le rapporteur obéit.

Cinq minutes après, le général Nunziante entra; il venait à son tour supplier Murat de paraître devant la commission, mais il fut inébranlable.

Cinq heures s'écoulèrent pendant lesquelles Murat resta enfermé seul et sans que personne fût introduit près de lui; puis sa porte se rouvrit, et le procureur royal La Camera entra dans sa chambre, tenant d'une main le jugement de la commission, et de l'autre la loi que Murat avait rendue lui-même contre les bandits, et en vertu de laquelle il avait été jugé. Murat était assis; il devina que c'était sa condamnation qu'on lui apportait : il se leva, et, s'adressant d'une voix ferme au procureur royal : — Lisez, monsieur, lui dit-il, je vous écoute.

Le procureur royal lut alors le jugement :

Murat était condamné à l'unanimité moins une voix.

Cette lecture terminée : — Général, lui dit le procureur royal, j'espère que vous mourrez sans aucun sentiment de haine contre nous, et que vous ne vous en prendrez qu'à vous-même de la loi que vous avez faite.

— Monsieur, répondit Murat, j'avais fait cette loi pour des brigands et non pour des têtes couronnées.

— La loi est égale pour tous, monsieur, répondit le procureur royal.

— Cela peut être, dit Murat, lorsque cela est utile à certaines gens; mais quiconque a été roi porte avec lui un caractère sacré qui mériterait qu'on y regardât à deux fois avant de le traiter comme le commun des hommes. Je faisais cet honneur au roi Ferdinand de croire qu'il ne me ferait pas fusiller comme un criminel; je me trompais : tant pis pour lui, n'en parlons plus. J'ai été à trente batailles, j'ai vu cent fois la mort en face. Nous sommes donc de trop vieilles connaissances pour ne pas être familiarisés l'un avec l'autre. C'est vous dire, messieurs, que quand vous serez prêts je le serai, et que je ne vous ferai point attendre. Quant à vous en vouloir, je ne vous en veux pas plus qu'au soldat qui, dans la mêlée, ayant reçu de son chef l'ordre de tirer sur moi, m'aurait envoyé sa balle au travers du corps. Allez, messieurs, vous comprenez que, l'arrêté du roi ne me donnant qu'une demi-heure, je n'ai pas de temps à perdre pour dire adieu à ma femme et à mes enfants. Allez, messieurs; et il ajouta en souriant, comme au temps où il était roi :—Et que Dieu vous ait dans sa sainte et digne garde.

Resté seul, Murat s'assit en face de la fenêtre qui regarde la mer, et écrivit à sa femme la lettre suivante, dont nous pouvons garantir l'authenticité, puisque nous l'avons transcrite sur la copie même de l'original qu'avait conservé le chevalier Alcala.

« Chère Caroline de mon cœur,

» L'heure fatale est arrivée, je vais mourir du dernier des supplices : dans une heure tu n'auras plus d'époux et nos enfants n'auront plus de père; souvenez-vous de moi et n'oubliez jamais ma mémoire.

» Je meurs innocent, et la vie m'est enlevée par un jugement injuste.

» Adieu mon Achille, adieu ma Lætitia, adieu mon Lucien, adieu ma Louise.

» Montrez-vous dignes de moi; je vous laisse sur une terre et dans un royaume plein de mes ennemis; montrez-vous supérieurs à l'adversité, et souvenez-vous de ne pas vous croire plus que vous n'êtes, en songeant à ce que vous avez été.

» Adieu, je vous bénis, ne maudissez jamais ma mémoire; rappelez-vous que la plus grande douleur que j'éprouve dans mon supplice est celle de mourir loin de mes enfants, loin de ma femme, et de n'avoir aucun ami pour me fermer les yeux.

» Adieu ma Caroline, adieu mes enfants; recevez ma bénédiction paternelle, mes tendres larmes et mes derniers baisers.

» Adieu, adieu, n'oubliez point votre malheureux père!

» Pizzo, ce 13 octobre 1815.

» JOACHIM MURAT. »

Comme il achevait cette lettre, la porte s'ouvrit : Murat se retourna et reconnut le général Nunziante.

— Général, lui dit Murat, seriez-vous assez bon pour me procurer une paire de ciseaux? Si je la demandais moi-même, peut-être me la refuserait-on.

Le général sortit, et rentra quelques secondes après avec l'instrument demandé. Murat le remercia d'un signe de tête, lui prit les ciseaux des mains, coupa une boucle de ses cheveux, puis la mettant dans la lettre et présentant cette lettre au général :

— Général, lui dit-il, me donnez-vous votre parole que cette lettre sera remise à ma Caroline?

— Sur mes épaulettes je vous le jure, répondit le général.

Et il se détourna pour cacher son émotion.

— Eh bien! eh bien! général, dit Murat en lui frappant sur l'épaule, qu'est-ce donc que cela? que diable! nous sommes soldats tous les deux; nous avons vu la mort en face. Eh bien! je vais la revoir, voilà tout, et cette fois elle viendra à mon commandement, ce qu'elle ne fait pas toujours, car j'espère qu'on me laissera commander le feu, n'est-ce pas?

Le général fit signe de la tête que oui.

— Maintenant, général, continua Murat, quelle est l'heure fixée pour mon exécution?

— Désignez-la vous-même, répondit le général.

— C'est vouloir que je ne vous fasse pas attendre.

— J'espère que vous ne croyez pas que c'est ce motif.

— Allons donc, général, je plaisante, voilà tout.

Murat tira sa montre de son gousset: c'était une montre enrichie de diamants, sur laquelle était le portrait de la reine; le hasard fit qu'elle se présenta du côté de l'émail.

Murat regarda un instant le portrait avec une expression de douleur indéfinissable, puis avec un soupir :

— Voyez donc, général, dit-il, comme la reine est ressemblante. — Puis il allait remettre la montre dans sa poche, lorsque, se rappelant tout à coup pour quelle cause il l'avait tirée :

— Oh! pardon, général, dit-il, j'oubliais le principal; voyons, il est trois heures passées; ce sera pour quatre heures, si vous voulez bien ; cinquante-cinq minutes, est-ce trop?

— C'est bien, général, dit Nunziante. Et il fit un mouvement pour sortir en sentant qu'il étouffait.

— Est-ce que je ne vous reverrai pas? dit Murat en l'arrêtant.

— Mes instructions portent que j'assisterai à votre exécution, mais vous m'en dispenserez, n'est-ce pas, général? je n'en aurais pas la force...

C'est bien, c'est bien! enfant que vous êtes, dit Murat; vous me donnerez la main en passant, et ce sera tout.

Le général Nunziante se précipita vers la porte; il sentait lui-même qu'il allait éclater en sanglots. De l'autre côté du seuil, il y avait deux prêtres.

— Que veulent ces hommes? demanda Murat, croient-ils que j'ai besoin de leurs exhortations et que je ne saurai pas mourir?

— Ils demandent à entrer, sire, dit le général, donnant pour la première fois dans son trouble, au prisonnier, le titre réservé à la royauté.

— Qu'ils entrent, qu'ils entrent, dit Murat.

Les deux prêtres entrèrent : l'un d'eux se nommait Francesco Pellegrino, et était l'oncle de ce même Georges Pellegrino qui était cause de la mort de Murat; l'autre s'appelait don Antonio Masdea.

— Maintenant, messieurs, leur dit Murat

en faisant un pas vers eux, que voulez-vous ? dites vite; on me fusille dans trois quarts d'heure, et je n'ai pas de temps à perdre.

— Général, dit Pellegrino, nous venons vous demander si vous voulez mourir en chrétien ?

— Je mourrai en soldat, dit Murat. Allez.

Pellegrino se retira à cette première rebuffade; mais don Antonio Masdea resta. C'était un beau vieillard à la figure respectable, à la démarche grave, aux manières simples. Murat eut d'abord un moment d'impatience en voyant qu'il ne suivait pas son compagnon; mais, en remarquant l'air de profonde douleur empreinte dans toute sa physionomie, il se contint.

— Eh bien! mon père, lui dit-il, ne m'avez-vous point entendu ?

— Vous ne m'avez pas reçu ainsi la première fois que je vous vis, sire; il est vrai qu'à cette époque vous étiez roi, et que je venais vous demander une grâce.

— Au fait, dit Murat, votre figure ne m'est

pas inconnue: où vous ai-je donc vu? Aidez ma mémoire.

— Ici même, sire, lorsque vous passâtes au Pizzo en 1810; j'allai vous demander un secours pour achever notre église: je sollicitais 25,000 francs, vous m'en envoyâtes 40,000.

— C'est que je prévoyais que j'y serais enterré, répondit en souriant Murat.

— Eh bien! sire, refuserez-vous à un vieillard la dernière grâce qu'il vous demande?

— Laquelle?

— Celle de mourir en chrétien.

— Vous voulez que je me confesse? eh bien! écoutez: Étant enfant, j'ai désobéi à mes parents qui ne voulaient pas que je me fisse soldat. Voilà la seule chose dont j'aie à me repentir.

— Mais, sire, voulez-vous me donner une attestation que vous mourez dans la foi catholique?

— Oh! pour cela, sans difficulté, dit Murat; et allant s'asseoir à la table où il avait déjà écrit, il traça le billet suivant:

« Moi, Joachim Murat, je meurs en chré-
» tien, croyant à la sainte église catholique,
» apostolique et romaine.

» JOACHIM MURAT. »

Et il remit le billet au prêtre.

Le prêtre s'éloigna.

— Mon père, lui dit Murat, votre bénédiction.

— Je n'osais pas vous l'offrir de vive voix, mais je vous la donnais de cœur, répondit le prêtre.

Et il imposa les deux mains sur cette tête qui avait porté le diadême.

Murat s'inclina et dit à voix basse quelques paroles qui ressemblaient à une prière; puis il fit signe à don Masdea de le laisser seul. Cette fois le prêtre obéit.

Le temps fixé entre le départ du prêtre et l'heure de l'exécution s'écoula sans qu'on pût dire ce que fit Murat pendant cette demi-heure; sans doute il repassa toute sa vie, à partir du village obscur, et qui après avoir brillé, météore royal, revenait s'éteindre dans un village inconnu. Tout ce que l'on peut dire c'est qu'une partie de ce temps avait été employée à sa toilette, car lorsque le général Nunziante rentra il trouva Murat prêt comme pour une parade; ses cheveux noirs étaient régulièrement séparés sur son front et encadraient sa figure mâle et tranquille ; il appuyait la main sur le dossier d'une chaise et dans l'attitude de l'attente.

— Vous êtes de cinq minutes en retard, dit-il, tout est-il prêt.

— Le général Nunziante ne put lui répondre tant il était ému, mais Murat vit bien qu'il était attendu dans la cour ; d'ailleurs, en ce moment, le bruit des crosses de plusieurs fusils retentit sur les dalles.

— Adieu, général, adieu! dit Murat, je vous recommande ma lettre à ma chère Caroline.

Puis, voyant que le général cachait sa tête entre ses deux mains, il sortit de la chambre et entra dans la cour.

— Mes amis, dit-il aux soldats qui l'attendaient, vous savez que c'est moi qui vais commander le feu; la cour est assez étroite pour que vous tiriez juste: visez à la poitrine, sauvez le visage.

Et il alla se placer à six pas des soldats, presque adossé à un mur et exhaussé sur une marche.

Il y eut un instant de tumulte au moment où il allait commencer de commander le feu c'étaient les prisonniers correctionnels qui, n'ayant qu'une fenêtre grillée qui donnait sur la cour, se débattaient pour être à cette fenêtre.

L'officier qui commandait le piquet leur imposa silence, et ils se turent.

Alors Murat commanda la charge, froidement, tranquillement, sans hâte ni retard, et comme il eût fait à un simple exercice. Au mot feu, trois coups seulement partirent, Murat resta debout. Parmi les soldats intimidés, six n'avaient pas tiré, trois avaient tiré au-dessus de la tête.

C'est alors que ce cœur de lion, qui faisait de Murat un demi-dieu dans la bataille, se montra dans toute sa terrible énergie. Pas un muscle de son visage ne bougea. Pas un mouvement n'indiqua la crainte. Tout homme peut avoir du courage pour mourir une fois : Murat en avait pour mourir deux fois, lui!

— Merci, mes amis, dit-il, merci, du sentiment qui vous a fait m'épargner. Mais, comme il faudra toujours en finir par où vous auriez dû commencer, recommençons, et cette fois pas de grâce, je vous prie.

Et il recommença d'ordonner la charge avec cette même voix calme et sonore, regardant entre chaque commandement le portrait de la reine; enfin le mot feu se fit entendre, immédiatement suivi d'une détonation, et Murat tomba percé de trois balles.

Il était tué roide : une des balles avait traversé le cœur.

On le releva, et en le relevant on trouva dans sa main la montre qu'il n'avait point lâchée, et sur laquelle était le portrait. J'ai vu cette montre à Florence entre les mains de madame Murat, qui l'avait rachetée 2,400 fr.

On porta le corps sur le lit, et, le procès-verbal de l'exécution rédigé, on referma la porte sur lui.

Pendant la nuit, le cadavre fut porté dans l'église par quatre soldats. On le jeta dans la fosse commune, puis, sur lui, plusieurs sacs de chaux; puis on referma la fosse, et l'on scella la pierre qui depuis ce temps ne fut pas rouverte.

Un bruit étrange courut. On assura que les soldats n'avaient porté à l'église qu'un cadavre décapité; s'il faut en croire certaines traditions verbales, la tête fut portée à Naples et remise à Ferdinand, puis conservée dans un bocal rempli d'esprit-de-vin, afin que si quelque aventurier profitait jamais de cette fin isolée et obscure pour essayer de prendre le nom de Joachim on pût lui répondre, en lui montrant la tête de Murat.

Cette tête était conservée dans une armoire

placée à la tête du lit de Ferdinand, et dont Ferdinand seul avait la clef; si bien que ce ne fut qu'après la mort du vieux roi que, poussé par la curiosité, son fils François ouvrit cette armoire, et découvrit le secret paternel.

Ainsi mourut Murat, à l'âge de quarante-sept ans, perdu par l'exemple que lui avait donné, six mois auparavant, Napoléon revenant de l'île d'Elbe.

Quant à Barbara, qui avait trahi son roi, qui s'était payé lui-même de sa trahison en emportant les trois millions déposés sur son navire, il demande à cette heure l'aumône dans les cafés de Malte.

Après avoir recueilli de la bouche des témoins oculaires toutes les notes relatives à ce triste sujet, nous commençâmes la visite des localités qui y sont signalées; d'abord, notre première visite fut pour la plage où eut lieu le débarquement. On nous montra au bord de la mer, où on la conserve comme un objet de curiosité, la vieille chaloupe que Murat poussait à la mer quand il fut pris, et dont la carcasse est encore trouée de deux balles.

En avant du petit fortin, nous nous fîmes montrer la place où est enterré Campana; rien ne la désigne à la curiosité des voyageurs; elle est recouverte de sable, comme le reste de la plage.

De la tombe de Campana, nous allâmes mesurer le rocher du sommet duquel le roi et ses deux compagnons avaient sauté. Il a un peu plus de trente-cinq pieds de hauteur.

De là nous revînmes au château; c'est une petite forteresse sans grande importance militaire, à laquelle on monte par un escalier pris entre deux murs; deux portes se ferment pendant la montée. Arrivé à sa dernière marche, on a à sa droite la prison des condamnés correctionnels, à sa gauche l'entrée de la chambre qu'occupa Murat, et derrière soi, dans un rentrant de l'escalier, la place où il fut fusillé. Le mur qui s'élève derrière la marche sur laquelle Murat était monté porte encore la trace de six balles. Trois de ces six balles ont traversé le corps du condamné.

Nous entrâmes dans la chambre. Comme toutes les chambres des pauvres gens en Italie, elle se compose de quatre murailles nues, blanchies à la chaux et recouvertes d'une multitude d'images de madones et de saints; en face de la porte était le lit où le roi sua son agonie de soldat. Nous vîmes deux ou trois enfants couchés pêle-mêle sur ce lit. Une vieille femme accroupie, et qui avait peur du choléra, disait son rosaire dans un coin; dans la chambre voisine, où s'était tenue la commission militaire, des soldats chantaient à tue-tête.

L'homme qui nous faisait les honneurs de cette triste habitation était le fils de l'ancien concierge; c'était un homme de trente-cinq ou trente-six ans. Il avait vu Murat pendant les cinq jours de sa détention, et se le rappelait à merveille, puisqu'il pouvait avoir à cette époque quinze ou seize ans.

Au reste, aucun souvenir matériel n'était resté de cette grande catastrophe, à l'exception des balles qui trouent le mur.

Je pris à la chambre claire un dessin très-exact de cette cour. Il est difficile de voir quelque chose de plus triste d'aspect que ces murailles blanches, qui se détachent en contours arrêtés sur un ciel d'un bleu d'indigo.

Du château nous nous rendîmes à l'église. La pierre scellée sur le cadavre de Murat n'a jamais été rouverte. A la voûte pend comme un trophée de victoire la bannière qu'il apportait avec lui, et qui a été prise sur lui.

A mon retour à Florence, vers le mois de décembre de la même année, madame Murat, qui habitait cette ville sous le nom de comtesse de Lipona, sachant que j'arrivais du Pizzo, me fit prier de passer chez elle. Je m'empressai de me rendre à son invitation; elle n'avait jamais eu de détails bien précis sur la mort de son mari, et elle me pria de ne lui rien cacher. Je lui racontai tout ce que j'avais appris au Pizzo.

Ce fut alors qu'elle me fit voir la montre qu'elle avait rachetée, et que Murat tenait dans sa main lorsqu'il tomba... Quant à la lettre qu'il lui avait écrite peu d'instants avant sa mort, elle ne l'avait jamais reçue, et ce fut moi qui lui en donnai la première copie.

J'oubliais de dire qu'en souvenir et en récompense du service rendu au gouvernement napolitain, la ville du Pizzo est exemptée pour toujours de droits et d'impôts.

CHAPITRE XIII.

MAÏDA.

Comme je l'ai dit, notre speronare n'était point arrivé, et la chose était d'autant plus inquiétante que le temps se préparait à la tempête. Effectivement, la nuit fut affreuse. Nous nous étions logés, séduits par son apparence, dans une petite auberge située sur la plage même où débarqua le roi, et à une centaine de pas du petit fortin où est enterré Campana; mais nous n'y fûmes pas plutôt établis que nous nous aperçûmes que tout y manquait, même les lits. Malheureusement il était trop tard pour remonter à la ville, l'eau tombait par torrents et les éclats du tonnerre se succédaient avec une telle rapidité, qu'on n'entendait qu'un seul et continuel roulement qui dominait, tant il était violent, le bruit des vagues qui couvraient toute cette plage et venaient mourir à dix pas de notre auberge.

On nous dressa des lits de sangle; mais, quelques recherches que l'on fit dans la maison, on ne put nous trouver de draps propres. Il en résulta que je fus obligé, comme la veille, de me jeter tout habillé sur mon lit; mais au bout d'un instant, je me trouvai le but de caravanes de punaises tellement nombreuses, que je leur cédai la place et que j'essayai de dormir couché sur deux chaises; peut-être y serais-je parvenu si j'avais eu des contrevents à la chambre, mais il n'y avait que des fenêtres, et les éclairs étaient tellement continus, qu'on eût véritablement dit qu'il faisait grand jour. Le matin j'appelais nos matelots à grands cris, mais à cette heure je priais Dieu qu'ils n'eussent pas quitté le port.

Le jour vint enfin sans que j'eusse fermé l'œil; c'était la troisième nuit que je ne pouvais dormir; j'étais écrasé de fatigue. Comme

Murat, j'eusse donné cinquante ducats d'un bain; mais il fut impossible, dans tout le Pizzo, de trouver une baignoire : le chevalier Alcala seul en avait une, probablement celle qui avait servi au prisonnier. Mais quelque envie que j'eusse d'agir en roi, je n'osai pousser l'indiscrétion jusque-là.

Avec le jour la tempête se calma, mais l'air était devenu très-froid, et le temps nuageux et couvert. Dans un tout autre moment je me serais étendu sur le sable de la mer et j'aurais enfin dormi, mais le sable de la mer était tout détrempé, et il était devenu une plaine de boue pareille aux volcans des Maccalubi. Nous n'en sortimes pas moins de notre bouge afin de chercher notre nourriture, que nous finîmes par trouver dans une petite auberge située sur la place. Pendant que nous étions à déjeuner, nous demandâmes si l'on ne pourrait pas nous coucher la nuit suivante : on nous répondit, comme toujours, affirmativement et en nous montrant une chambre où du moins il y avait l'air de n'avoir que des puces. Nous envoyâmes notre muletier payer notre carte à l'auberge de la plage, et nous fîmes transporter notre *roba* dans notre nouveau domicile.

Jadin, qui était parvenu à dormir quelque peu la nuit précédente, s'en alla prendre une vue générale du Pizzo ; pendant ce temps, je fis couvrir mon lit avec l'intention de me reposer au moins si je ne pouvais dormir.

Mais alors se renouvela l'histoire des draps : les draps sont une grande affaire dans les auberges d'Italie en général, et dans celles de Sicile et de Calabre en particulier. Il est rare que du premier coup on vous donne une paire de draps blancs ; presque toujours on essaie de surprendre votre religion avec des draps douteux, ou avec un drap propre et un drap sale ; chaque soir c'est une lutte qui se renouvelle avec les mêmes ruses et la même obstination de la part des aubergistes, qui, à mon avis, auraient bien plutôt fait de les faire blanchir. Mais sans doute, quelque préjugé qui s'y oppose, quelque superstition qui le défende, les draps blancs, c'est le *rara avis* de Juvénal, c'est le phœnix de la princesse de Babylone.

Je passai en revue toute la lingerie de l'hôtel sans en venir à mon honneur. Cette fois, je n'y tins pas; indiscret ou non, j'écrivis à M. le chevalier Alcala pour le prier de nous prêter deux paires de draps. Il accourut lui-même pour nous offrir d'aller coucher chez lui; mais comme nous comptions partir le lendemain de grand matin, je ne voulus pas lui causer ce dérangement. Il insista, mais je tins bon; et le garçon de l'hôtel, envoyé chez lui, revint avec les bienheureux draps tant ambitionnés.

Je profitai de cette visite pour arrêter avec lui nos affaires relativement au speronare. Il était évident qu'après la tempête de la nuit, nos gens n'arriveraient pas dans la journée; il fallait donc continuer notre route par terre. Je laissai trois lettres pour le capitaine : une à l'auberge de la place, l'autre à l'auberge du rivage, et l'autre à M. le chevalier Alcala. Toutes trois annonçaient à notre équipage que nous partions pour Cosenza, et lui donnaient rendez-vous à San-Lucido.

Les nouvelles du tremblement de terre commençaient à arriver de l'intérieur de la Calabre : on disait que Cosenza et ses environs avaient beaucoup souffert; plusieurs villages, à ce qu'on assurait, n'offraient plus que des ruines; des maisons avaient disparu, entièrement englouties, elles et leurs habitants. Au reste, les secousses continuaient tous les jours, ou plutôt toutes les nuits, ce qui faisait qu'on ignorait où s'arrêterait la catastrophe. Je demandai au chevalier Alcala si la tempête de cette nuit n'avait pas quelques rapports avec le tremblement de terre, mais il me répondit en souriant, moitié croyant, moitié incrédule, que la tempête de la nuit était la tempête anniversaire. Je lui demandai l'explication de cette espèce d'énigme atmosphérique.

— Informez-vous, me dit-il, au dernier paysan des environs, et il vous répondra avec une conviction parfaite : c'est l'esprit de Murat qui visite le Pizzo.

— Et vous, que me répondrez-vous? lui demandai-je en souriant.

— Moi, je vous répondrai que depuis vingt ans cette tempête n'a pas manqué une seule fois de revenir à jour et à heure fixe, affirmation de laquelle, en votre qualité de Français et de philosophe, vous tirerez la conclusion que vous voudrez.

Sur quoi le chevalier Alcala se retira, de peur sans doute d'être pressé de nouvelles questions.

Toute la journée se passa sans que nous aperçussions apparence de speronare ; nous restâmes sur la terrasse du château jusqu'au dernier rayon de jour, les yeux fixés sur Tropea, et atteints de quelques légères inquiétudes. Comptant sur le vent, nous étions partis, comme nous l'avons dit, avec quelques louis seulement, et si le temps contraire continuait nous devions bientôt arriver à la fin de notre trésor. Pour comble de malheur, lorsque nous rentrâmes à l'hôtel, notre muletier nous signifia que nous n'eussions point à compter sur lui pour le lendemain, attendu que nous étions beaucoup trop aventureux pour lui, et que c'était un miracle comment nous n'avions pas été assassinés et lui avec nous, surtout portant le nom de Français, nom qui a laissé peu de tendres souvenirs en Calabre. Nous essayâmes de le décider à venir avec nous jusqu'à Cosenza, mais toutes nos instances furent inutiles ; nous le payâmes, et nous nous mîmes à la recherche d'un autre muletier.

Ce n'était pas chose facile, non pas que l'espèce manquât ; mais au Pizzo l'animal changeait de nom. Partout en Italie j'avais entendu appeler les mulets, *muli*, et je continuais de désigner l'objet sous ce nom : personne ne m'entendait. Je priai alors Jadin de prendre son crayon et de dessiner une mule toute caparaçonnée. Notre hôte, à qui nous nous étions adressés, suivit avec beaucoup d'intérêt ce dessin ; puis, quand il fut fini.

— Ah ! s'écria-t-il, *una vettura*.

Au Pizzo une mule s'appelle *vettura*. Avis aux philologues et surtout aux voyageurs.

Le lendemain, à six heures, nos deux *vetture* étaient prêtes. Craignant de la part de notre nouveau conducteur les mêmes hésitations que nous avions éprouvées de la part de celui que nous quittions, nous entamâmes une explication préalable sur ce sujet; mais celui-là se contenta de nous répondre en nous montrant son fusil qu'il portait en bandoulière : — Où vous voudrez, comme vous voudrez, à l'heure que vous voudrez. Nous appréciâmes ce laconisme tout spartiate; nous fîmes une dernière visite à notre terrasse pour nous assurer que le speronare n'était point en vue; puis enfin, désappointés cette fois encore, nous revînmes à l'hôtel, nous enfourchâmes nos mules et nous partîmes.

Cette humeur aventureuse de notre guide nous fut bientôt expliquée par lui-même : c'était un véritable Pizziote. Je demande pardon à l'Académie si je fais un nom de peuple qui probablement n'existe pas. Or, la conduite que tint le Pizzo à l'endroit de Murat fut, il faut le dire, fort diversement jugée dans le reste des Calabres. A cette première dissension, soulevée par un mouvement politique, vinrent se joindre les faveurs dont la ville fut comblée et qui soulevèrent un mouvement d'envie; de sorte que les habitants du Pizzo, je n'ose répéter le mot, sortent à peine de la circonscription de leur territoire qu'ils se trouvent en guerre avec les populations voisines. Cette circonstance fait que dès leur enfance ils sortent armés, s'habituent jeunes au danger et, par conséquent habitués à lui, cessent de le craindre. Sur ce point, celui du courage, les autres Calabrais, en les appelant presque toujours *traditori*, leur rendaient au moins pleine et entière justice.

Tout en cheminant et en causant avec notre guide, il nous parla d'un village nommé Vena, qui avait conservé un costume étranger et une langue que personne ne comprenait en Calabre. Ces deux circonstances nous donnèrent le désir de voir ce village; mais notre guide nous prévint que nous n'y trouverions point d'auberge, et que par conséquent il ne fallait pas penser à nous y arrêter, mais à y passer seulement. Nous nous informâmes alors où nous pourrions faire halte pour la nuit, et notre Pizziote nous indiqua le bourg de

Maïda comme le plus voisin de celui de Vena, et celui dans lequel, à la rigueur, des *signori* pouvaient s'arrêter; nous le priâmes donc de se détourner de la grande route et de nous conduire à Maïda. Comme c'était le garçon le plus accommodant du monde, cela ne fit aucune difficulté; c'était un jour de retard pour arriver à Cosenza, voilà tout.

Nous nous arrêtâmes sur le midi à un petit village nommé Fundaco del Fico, pour reposer nos montures et essayer de déjeuner; puis, après une halte d'une heure, nous reprîmes notre course, en laissant la grande route à notre gauche et en nous engageant dans la montagne.

Depuis trois ou quatre jours, la crainte de mourir de faim dans les auberges avait à peu près cessé; nous étions engagés dans la région des montagnes où poussent les châtaigniers, et, comme nous approchions de l'époque de l'année où l'on commence la récolte de cet arbre, nous prenions les devants de quelques jours en bourrant nos poches de châtaignes, qu'en arrivant dans les auberges je faisais cuire sous la cendre et mangeais de préférence au macaroni, auquel je n'ai jamais pu m'habituer, et qui était souvent le seul plat qu'avec toute sa bonne volonté notre hôte pût nous offrir. Cette fois, comme toujours, je me gardai bien de déroger à cette habitude, attendu que d'avance je me faisais une assez médiocre idée du gîte qui nous attendait.

Après trois heures de marche dans la montagne, nous aperçûmes Maïda. C'était un amas de maisons, situées au haut d'une montagne, qui avaient été recouvertes primitivement, comme toutes les maisons calabraises, d'une couche de plâtre ou de chaux, mais qui, dans les secousses successives qu'elles avaient éprouvées, avaient secoué une partie de cet ornement superficiel, et qui, presque toutes, étaient couvertes de larges taches grises qui leur donnaient à toutes l'air d'avoir eu quelque maladie de peau. Nous nous regardâmes, Jadin et moi, en secouant la tête et en supputant mentalement la quantité incalculable d'animaux de toute espèce qui, outre les Maïdiens, devaient habiter de pareilles maisons. C'était effroyable à penser; mais nous étions trop avancés pour reculer. Nous continuâmes donc notre route sans même faire part à notre guide de terreurs qu'il n'aurait point comprises.

Arrivés au pied de la montagne, la pente se trouva si rapide et si escarpée que nous préférâmes mettre pied à terre et chasser nos mulets devant nous. Nous avions fait à peine une centaine de pas en suivant ce chemin, lorsque nous aperçûmes sur la pointe d'un roc une femme en haillons et toute échevelée. Comme nous étions, s'il fallait en croire nos Siciliens, dans un pays de sorcières, je demandai à notre guide à quelle race de strigges appartenait la canidie calabraise que nous avions devant les yeux : notre guide nous répondit alors que ce n'était pas une sorcière, mais une pauvre folle; et il ajouta que si nous voulions lui faire l'aumône de quelques grains, ce serait une bonne action devant Dieu. Si pauvres que nous commençassions d'être nous-mêmes, nous ne voulûmes pas perdre cette occasion d'augmenter la somme de nos mérites, et je lui envoyai par notre guide la somme de deux carlins : cette somme parut sans doute à la bonne femme une fortune, car elle quitta à l'instant même son rocher et se mit à nous suivre en faisant de grands gestes de reconnaissance et de grands cris de joie : nous eûmes beau lui faire dire que nous la tenions quitte, elle ne voulut entendre à rien, et continua de marcher derrière nous, ralliant à elle tous ceux que nous rencontrions sur notre route, et qui, éloignés de tout chemin, semblaient aussi étonnés de voir des étrangers qu'auraient pu l'être des insulaires des îles Sandwich ou des indigènes de la Nouvelle-Zemble. Il en résulta qu'en arrivant à la première rue nous avions à notre suite une trentaine de personnes parlant et gesticulant à qui mieux mieux, et au milieu de ces trente personnes la pauvre folle, qui racontait comment nous lui avions donné deux carlins, preuve incontestable que nous étions des princes déguisés.

Au reste, une fois entrés dans le bourg, ce fut bien pis : chaque maison, pareille aux sépulcres du jour du jugement dernier, rendit à l'instant même ses habitants; au bout d'un instant, nous ne fûmes plus suivis, mais entourés de telle façon qu'il nous fut impossible d'avancer. Nous nous escrimâmes alors de notre mieux à demander une auberge; mais il paraît, ou que notre accent avait un caractère tout particulier, ou que nous réclamions une chose inconnue, car à chaque interpellation de ce genre la foule se mettait à rire d'un rire si joyeux et si communicatif que nous finissions par partager l'hilarité générale. Ce qui, au reste, excitait au plus haut degré la curiosité des Maïdiens mâles, c'étaient nos armes, qui, par leur luxe, contrastaient, il faut le dire, avec la manière plus que simple dont nous étions mis; nous ne pouvions pas les empêcher de toucher, comme de grands enfants, ces doubles canons damassés, qui étaient l'objet d'une admiration que j'aimais mieux voir se manifester, au reste, au milieu du village que sur une grande route. Enfin nous commencions à nous regarder avec une certaine inquiétude, lorsque tout à coup un homme fendit la foule, me prit par la main, déclara que nous étions sa propriété, et qu'il allait nous conduire dans une maison où nous serions comme les anges dans le ciel. La promesse, on le comprend bien, nous allécha. Nous répondîmes au brave homme que, s'il tenait seulement la moitié de ce qu'il promettait, il n'aurait pas à se plaindre de nous : il nous jura ses grands dieux que des princes ne demanderaient pas quelque chose de mieux que ce qu'il allait nous montrer. Puis, fendant cette foule qui devenait de plus en plus considérable, il marcha devant nous sans nous perdre de vue un instant, parlant sans cesse, gesticulant sans relâche, et ne cessant de nous répéter que nous étions bien favorisés du ciel d'être tombés entre ses mains.

Tout ce bruit et toutes ces promesses aboutirent à nous amener devant une maison, il faut l'avouer, d'une apparence un peu supérieure à celles qui l'environnaient, mais dont l'intérieur nous présagea à l'instant même les maux dont nous étions menacés. C'était une espèce de cabaret, composé d'une grande chambre divisée en deux par une tapisserie en lambeaux qui pendait des solives, et qui laissait pénétrer de la partie antérieure à la partie postérieure par une déchirure en forme de porte. A droite de la partie antérieure consacrée au public, était un comptoir avec quelques bouteilles de vin et d'eau-de-vie et quelques verres de différentes grandeurs. A ce comptoir était la maîtresse de la maison, femme de trente à trente-cinq ans, qui n'eût peut-être point paru absolument laide si une saleté révoltante n'eût pas forcé le regard de se détourner de dessus elle. A gauche était, dans un enfoncement, une truie qui, venant de mettre bas, allaitait une douzaine de marcassins, et dont les grognements avertissaient les visiteurs de ne pas trop empiéter sur son domaine. La partie postérieure, éclairée par une fenêtre donnant sur un jardin, fenêtre presque entièrement obstruée par les plantes grimpantes, était l'habitation de l'hôtesse. A droite était son lit couvert de vieilles courtines vertes, à gauche une énorme cheminée où grouillait couché sur la cendre quelque chose qui ressemblait dans l'obscurité à un chien, et que nous reconnûmes quelque temps après pour un de ces crétins hideux, à gros cou et à ventre ballonné, comme on en trouve à chaque pas dans le Valais. Sur le rebord de la croisée étaient rangées sept ou huit lampes à trois becs, et au-dessous du rebord était la table, couverte pour le moment de hideux chiffons tout haillonnés que l'on eût jetés en France à la porte d'une manufacture de papier. Quant au plafond, il était à claire-voie, et s'ouvrait sur un grenier bourré de foin et de paille.

C'était là le paradis où nous devions être comme des anges.

Notre conducteur entra le premier et échangea tout bas quelques paroles avec notre future hôtesse; puis il revint la figure riante nous annoncer que, quoique la signora Bertassi n'eût point l'habitude de recevoir des voyageurs, elle consentait, en faveur de nos excellences, à se départir de ses habitudes et à nous donner à manger et à coucher. A entendre notre guide, au reste, c'était une si grande faveur qui nous était accordée, que c'eût été le comble de l'impolitesse de la refuser. La question de paraître poli ou impoli à la signora Bertassi était, comme on s'en doute, fort secondaire pour nous ; mais, après nous être informés à notre Pizziote, nous apprîmes qu'effectivement nous ne trouverions pas une seule auberge dans tout Maïda, et très-probablement non plus pas une seule maison aussi confortable que celle qui nous était offerte. Nous nous décidâmes donc à entrer, et ce fut alors que nous passâmes l'inspection des localités : c'était, comme on l'a vu, à faire dresser les cheveux.

Au reste, notre hôtesse, grâce sans doute à la confidence faite par notre cicérone, était charmante de gracieuseté. Elle accourut dans l'arrière-boutique, qui servait à la fois de salle à manger, de salon et de chambre à coucher, et jeta un fagot dans la cheminée; ce fut à la lueur de la flamme, qui la forçait de se retirer devant elle, que nous nous aperçûmes que ce que nous avions pris pour un chien de berger était un jeune garçon de dix-huit à vingt ans. A ce dérangement opéré dans ses habitudes, il se contenta de pousser quelques cris plaintifs et de se retirer sur un escabeau dans le coin le plus éloigné de la cheminée, et tout cela avec les mouvements lents et pénibles d'un reptile engourdi. Je demandai alors à la signora Bertassi où était la chambre qu'elle nous destinait; elle me répondit que c'était celle-là même; que nous coucherions, Jadin et moi, dans son lit, et qu'elle et son frère (le crétin était son frère) dormiraient près du feu. Il n'y avait rien à dire à une femme qui nous faisait de pareils sacrifices.

J'ai pour système d'accepter toutes les situations de la vie sans tenter de réagir contre les impossibilités, mais en essayant au contraire de tirer à l'instant même des choses le meilleur résultat possible; or il me parut clair comme le jour que, grâce aux rats du grenier, à la truie de la boutique et à la multitude d'autres animaux qui devaient peupler la chambre à coucher, nous ne dormirions pas un instant : c'était un deuil à faire; je le fis, et me rabattis sur le dîner.

Il y avait du macaroni, dont je ne mangeais pas; on pouvait avoir, en cherchant bien et en faisant des sacrifices d'argent, un poulet ou un dindonneau; enfin le jardin, placé derrière la maison, renfermait plusieurs espèces de salades. Avec cela et les châtaignes dont nos poches étaient bourrées on ne fait pas un dîner royal, mais on ne meurt pas de faim.

Qu'on me pardonne tous ces détails; j'écris pour les malheureux voyageurs qui peuvent se trouver dans une position analogue à celle où nous étions, et qui, instruits par notre exemple, parviendront peut-être à s'en tirer mieux que nous ne le fîmes.

Je pensai avec raison que les différents matériaux de notre dîner prendraient un certain temps à réunir. Je résolus donc de ne pas laisser de bras inutiles. Je chargeai l'hôtesse de préparer le macaroni, le cicérone de trouver le jeune crétin d'aller me chercher pour deux grains de ficelle, Jadin de fendre les châtaignes, et je me chargeai, moi, d'aller cueillir la salade. Il en résulta qu'au bout de dix minutes chacun avait fait son affaire, à l'exception de Jadin, qui avait eu les holà à mettre entre la truie et Milord; mais, pendant que les autres préparatifs s'accomplissaient, le temps perdu de ce côté se répara.

Le macaroni fut placé sur le feu; la volaille, mise à mort, malgré ses protestations qu'elle était une poule et non un poulet, fut pendue à une ficelle par les deux pattes de derrière et commença de tourner sur elle-même; enfin la salade, convenablement lavée et épluchée, attendit l'assaisonnement dans un saladier passé à trois eaux. On verra plus tard comment, malgré toutes ces précautions, j'arrivai à demeurer à jeun, et comment Jadin ne mangea que du macaroni.

Sur ces entrefaites la nuit était venue : on alluma deux lampes, une pour éclairer la table, l'autre pour éclairer le service; comme on le voit, notre hôtesse faisait les choses splendidement.

On servit le macaroni : par bonheur pour Jadin c'était l'entrée; il en mangea et le trouva fort bon; quant à moi, j'ai déjà dit ma répugnance pour cette sorte de mets, je me contentai donc de regarder.

C'était au tour du poulet : il tournait comme un tonton, était rissolé à point, et présentait un aspect des plus appétissants ; je m'approchai pour couper la ficelle, et j'aperçus notre crétin qui, toujours couché dans les cendres, manipulait je ne sais quelle roba au-dessus du feu dans un petit plat de terre. J'eus la malheureuse curiosité de jeter un coup d'œil sur sa cuisine particulière, et je m'aperçus qu'il avait recueilli avec grand soin les intestins de notre volaille et les faisait frire. C'était fort ridicule sans doute ; mais, à cette vue, je laissai tomber le poulet dans la lèchefrite, sentant qu'après ce que je venais de voir il me serait impossible de manger aucune viande. Comme Jadin n'avait rien aperçu de pareil, il s'informa de la cause du retard que je mettais à apporter le rôti. Malheureusement, le mouchoir sur la bouche, j'étais retourné du côté de la tapisserie, incapable de répondre, pour le moment, une seule parole à ses interpellations ; ce qui fit qu'il se leva, vint lui-même voir ce qui se passait, et trouva le malheureux crétin mangeant à belles mains son effroyable fricassée. Ce fut sa perte, il se retourna de l'autre côté en jurant tous les jurons que cette belle et riche langue française pouvait lui fournir. Quant au crétin, qui était loin de se douter qu'il fût l'objet de cette double explosion, il ne perdait pas une bouchée de son repas; si bien que quand nous nous retournâmes il avait fini.

Nous revînmes nous mettre tristement et silencieusement à table. Le mot seul de poulet, prononcé par un de nous, aurait eu les conséquences les plus fâcheuses; notre hôtesse voulut s'approcher de la cheminée un plat à la main, mais je lui criai que nous nous contenterions de manger de la salade.

Un instant après j'entendis le bruit que faisaient la cuiller et la fourchette contre le saladier, je me retournai vivement, me doutant qu'il se passait quelque chose de nouveau contre notre souper; et quelle que soit ma patience naturelle, je jetai un cri furieux. Notre hôtesse, pour que nous n'attendissions pas la salade, devenue le morceau de résistance du repas, s'empressait de l'assaisonner elle-même, et, après avoir commencé par y mettre le vinaigre, ce qui est, comme on le sait, une véritable hérésie culinaire, elle versait par un de ses trois becs l'huile de la lampe dans le saladier.

A ce spectacle je me levai et je sortis.

Un instant après je vis arriver Jadin un cigare à la bouche; c'était sa grande consolation dans les fréquentes mésaventures que nous éprouvions, consolation dont j'étais malheureusement privé, n'ayant jamais pu fumer qu'une certaine sorte de tabac russe, très-doux et presque sans odeur. Nous nous regardâmes les bras croisés et en secouant la tête; nous avions vu de bien terribles choses, mais jamais cependant le spectacle n'avait été jusque-là. Une seule chose nous consolait, c'était notre ressource habituelle, c'est-à-dire les châtaignes qui rôtissaient sous la cendre.

Nous rentrâmes, et nous les trouvâmes servies et tout épluchées; l'effroyable crétin, pour se raccommoder avec nous, avait voulu nous rendre ce service en notre absence.

Cette fois, nous nous mîmes à rire; nos

malheurs étaient si redoublés qu'ils retombaient dans la comédie. Nous envoyâmes les châtaignes rejoindre le poulet et la salade. Nous coupâmes chacun un morceau de pain, et nous nous en allâmes, de peur que quelque chose ne nous dégoûtât même du pain, le manger par les rues de Maïda.

Au bout d'une demi-heure nous repassâmes devant la maison, et nous vîmes, à travers les vitres, notre hôtesse, notre crétin et un militaire à nous inconnu, qui, assis à notre table, soupaient avec notre souper.

Nous ne voulûmes pas déranger ce petit festin, et nous attendîmes qu'ils eussent fini pour rentrer.

Le militaire, qui était un carabinier, nous parut jouir dans la maison d'une autorité presque autocratique : cependant nous nous aperçûmes au premier abord qu'il partageait la bienveillance de notre hôtesse pour nous ; bien plus, apprenant que nous étions Français et que nous arrivions du Pizzo, il se mit à nous vanter avec enthousiasme la révolution de juillet et à déplorer le meurtre de Murat. Cette double explosion de sentiments politiques nous parut on ne peut plus suspecte dans un fidèle soldat de S. M. le roi Ferdinand, qui n'avait pas jusque-là manifesté de profondes sympathies pour l'une ni pour l'autre. Il était évident que notre carabinier, ne pouvant deviner dans quel but nous parcourions le pays, n'aurait pas été fâché de nous reconduire à Naples de brigade en brigade comme carbonari, et de se faire les honneurs de notre arrestation. Malheureusement pour le fidèle soldat de S. M. Ferdinand, le piége était trop grossier pour que nous nous y laissassions prendre: Jadin me chargea de lui dire en son nom en italien qu'il était un mouchard; je le lui dis en son nom et au mien, ce qui fit beaucoup rire le carabinier, mais ce qui n'amena pas sa retraite, comme nous l'avions espéré; alors, loin de là, il se mit à regarder nos armes avec la plus minutieuse attention, puis, cet examen fini, il nous proposa de jouer une bouteille de vin aux cartes. La proposition devenait par trop impertinente, et nous appelâmes notre hôtesse pour qu'elle eût la bonté de mettre le fidèle soldat de S. M. Ferdinand à la porte. Cette invitation de notre part amena de la sienne une longue négociation à la fin de laquelle le carabinier sortit en nous tendant la main, en nous appelant ses amis, et en nous annonçant qu'il se ferait l'honneur de boire la goutte avec nous le lendemain matin avant notre départ.

Nous nous croyions débarrassés des visiteurs, lorsque derrière notre carabinier arriva une amie de notre hôtesse, qui s'établit avec elle au coin de la cheminée. Comme à tout prendre c'était une espèce de femme, nous prîmes patience pendant une heure. Cependant, au bout d'une heure nous demandâmes à la signora Bertassi si son amie n'allait pas nous laisser prendre nos dispositions pour la nuit; mais la signora Bertassi nous répondit que son amie venait passer la nuit avec elle, et que nous n'avions pas besoin de nous gêner en sa présence. Nous comprimes alors que l'arrivée de la nouvelle venue était une attention délicate de notre cicérone, qui nous avait promis que nous serions, où il allait nous mener, comme des anges au ciel, et qui voulait, autant qu'il était en lui, nous tenir sa promesse. Nous en prîmes donc notre parti, et nous résolûmes d'agir comme si nous étions absolument seuls.

Au reste, nos dispositions nocturnes étaient faciles à prendre. Comme notre hôtesse, pour nous faire plus grand honneur sans doute, nous avait non-seulement cédé son lit, mais encore ses draps, il ne fut pas question de se déshabiller. Je cédai la couchette à Jadin, qui s'y jeta tout habillé et qui prit Milord dans ses bras, afin de diviser les attaques dont il allait incessamment être l'objet, et moi je m'établis sur deux chaises enveloppé de mon manteau. Quant aux deux femmes, elles s'accoudèrent comme elles purent à la cheminée, et le crétin compléta le tableau en faisant son nid comme d'habitude, dans les cendres.

Il est impossible de se faire une idée de la nuit que nous passâmes. La constitution la plus robuste ne résisterait point à trois nuits pareilles. Le jour nous retrouva tout grelottants et tout souffreteux; cependant, comme nous pensâmes que le meilleur remède à notre malaise était l'air et le soleil, nous ne fîmes point attendre notre guide qui, à six heures du matin, était ponctuellement à la porte avec ses deux mules: nous réglâmes notre compte avec notre hôtesse, qui, portant sur la carte *tout ce qu'on nous avait servi* comme ayant été *consommé* par nous, nous demanda quatre piastres, que nous payâmes sans conteste, tant nous avions hâte d'être dehors de cet horrible endroit. Quant à notre cicérone, comme nous ne l'aperçûmes même pas, nous présumâmes que sa rétribution était comprise dans l'addition.

Nous nous acheminâmes vers Vena, qui est de cinq milles plus enfoncé dans la montagne que Maïda. Mais au bout de vingt minutes de marche, nous entendîmes de grands cris d'appel derrière nous, et en nous retournant nous aperçûmes notre carabinier, armé de toutes pièces, qui courait après nous au grand galop de son cheval. Au premier abord nous pensâmes que, peu flatté de notre accueil de la veille, il avait été faire quelque faux rapport au juge, et qu'il en avait reçu l'autorisation de nous mettre la main sur le collet ; mais nous fûmes agréablement détrompés lorsque nous le vîmes tirer de sa fonte une bouteille d'eau-de-vie et de sa poche deux petits verres. Esclave de la parole qu'il nous avait donnée de boire avec nous le coup de l'étrier, et étant arrivé trop tard pour avoir ce plaisir, il avait sellé son cheval et s'était mis à notre poursuite. Comme l'intention était évidemment bonne, quoique la façon fût singulière, nous ne vîmes aucun motif de ne pas lui faire raison de sa politesse ; nous prîmes chacun un petit verre, lui la bouteille, et nous bûmes à la santé du roi Ferdinand, à laquelle, toujours fidèle aux principes révolutionnaires qu'il nous avait manifestés, il tint absolument à mêler celle du roi Louis-Philippe. Après quoi, sur notre refus de redoubler, il nous offrit une nouvelle poignée de main, et repartit au galop comme il était venu.

Jadin prétendit que c'était le fidèle soldat de S. M. le roi Ferdinand qui avait eu la meilleure part de nos quatre piastres ; et comme Jadin est un homme plein de sens et de pénétration à l'endroit des misères humaines, je suis tenté de croire qu'il avait raison.

CHAPITRE XIV.

BELLINI.

Au bout d'une heure et demie de marche nous arrivâmes à Vena.

Notre guide ne nous avait pas trompés, car aux premiers mots que nous adressâmes à un habitant du pays il nous fut aussi facile de voir que la langue que nous lui parlions lui était aussi parfaitement inconnue qu'à nous celle dans laquelle il nous répondait; ce qui ressortit de cette conversation, c'est que notre interlocuteur parlait un patois gréco-italique, et que le village était une de ces colonies albanaises qui émigrèrent de la Grèce après la conquête de Constantinople par Mahomet II.

Notre entrée à Vena fut sinistre : Milord commença par étrangler un chat albanais qui, ne pouvant pas en conscience, vu l'antiquité de son origine et la difficulté de disputer le prix, être soumis au tarif des chats italiens, siciliens ou calabrais, nous coûta quatre carlins : c'était un événement sérieux dans l'état de nos finances ; aussi Médor fut-il mis immédiatement en laisse pour que pareille catastrophe ne se renouvelât point.

Ce meurtre et les cris qu'avaient poussés, non pas la victime, mais ses propriétaires, occasionnèrent un rassemblement de tout le village, lequel rassemblement nous permit de remarquer, aux costumes journaliers que portaient les femmes, que ceux réservés aux dimanches et fêtes devaient être fort riches et fort beaux ; nous proposâmes alors à la maîtresse du chat, qui tenait tendrement le défunt entre ses bras comme si elle ne pouvait se séparer même de son cadavre, de porter l'indemnité à une piastre si elle voulait revêtir son plus beau costume et poser pour que Jadin fît son portrait. La négociation fut longue : il y eut des pourparlers fort animés entre le mari et la femme ; enfin la femme se décida, rentra chez elle, et une demi-heure après en sortit avec un costume resplendissant d'or et de broderies : c'était sa robe de noces.

Jadin se mit à l'œuvre tandis que j'essayais de réunir les éléments d'un déjeuner ; mais, quelques efforts que je tentasse, je ne parvins pas même à acheter un morceau de pain. Les essais réitérés de mon guide, dirigés dans la même voie, ne furent pas plus heureux.

Au bout d'une heure Jadin finit son dessin. Alors comme, à moins de manger le chat, qui était passé de l'apothéose aux gémonies et que deux enfants traînaient par la queue, il n'y avait pas probabilité que nous trouvassions à satisfaire l'appétit qui nous tourmentait depuis la veille à la même heure, nous ne jugeâmes pas opportun de demeurer plus longtemps dans la colonie grecque, et nous nous remîmes en selle pour regagner le grand chemin. Sur la route nous trouvâmes un bois de châtaigniers, notre éternelle ressource, nous abattîmes des châtaignes, nous allumâmes un feu et nous les fîmes griller; ce fut notre déjeuner, puis nous reprîmes notre course.

Vers les trois heures de l'après-midi nous retombâmes dans la grande route: le paysage était toujours très-beau, et le chemin que nous avions quitté, montant déjà à Fundaco del Fico, continuait de monter encore; il résulta de cette ascension non interrompue que, au bout d'une autre heure de marche, nous nous trouvâmes sur un point culminant, d'où nous aperçûmes tout à coup les deux mers, c'est-à-dire le golfe de Sainte-Euphémie à notre gauche, et le golfe Squillace à notre droite. Au bord du golfe de Sainte-Euphémie étaient les débris de deux bâtiments qui s'étaient perdus à la côte pendant la nuit où nous-mêmes pensâmes faire naufrage. Au bord du golfe de Squillace s'étendait, sur un espace de terrain assez considérable, la ville de Catanzaro, illustrée quelques années auparavant par l'aventure merveilleuse de maître Térence le tailleur. Notre guide essaya de nous faire voir, à quelques centaines de pas de la mer, la maison qu'habitait encore aujourd'hui cet heureux veuf; mais quels que fussent les efforts et la bonne volonté que nous y mîmes, il nous fut impossible, à la distance dont nous en étions, de la distinguer au milieu de deux ou trois cents autres exactement pareilles.

Il était facile de voir que nous approchions de quelque lieu habité; en effet, depuis une demi-heure à peu près nous rencontrions, vêtues de costumes extrêmement pittoresques, des femmes portant des charges de bois sur leurs épaules. Jadin profita du moment où l'une de ces femmes se reposait pour en faire un croquis. Notre guide, interrogé par nous sur leur patrie, nous apprit qu'elles appartenaient au village de Triolo.

Au bout d'une autre heure nous aperçûmes le village. Une seule auberge, placée sur la grande route, ouvrait sa porte aux voyageurs: une certaine propreté extérieure nous prévint en sa faveur; en effet, elle était bâtie à neuf, et ceux qui l'habitaient n'avaient point encore eu le temps de la salir tout à fait.

Nous remarquâmes, en nous installant dans notre chambre, que les divisions intérieures étaient en planches de sapin et non en murs de pierres; nous demandâmes les causes de cette singularité, et l'on nous répondit que c'était à cause des fréquents tremblements de terre; en effet, grâce à cette précaution, notre logis avait fort peu souffert des dernières secousses, tandis que plusieurs maisons de Triolo étaient déjà fort endommagées.

Nous étions écrasés de fatigue, moins de la route parcourue que de la privation du sommeil, de sorte que nous ne nous occupâmes que de notre souper et de nos lits. Notre souper fut encore assez facile à organiser; quant à nos lits, ce fut autre chose : deux voyageurs qui étaient arrivés dans la journée et qui dans ce moment-là visitaient les ravages que le tremblement de terre avait faits à Triolo, avaient pris les deux seules paires de draps blancs qui se trouvassent dans l'hôtel, de sorte qu'il fallait nous contenter des autres. Nous nous informâmes alors sérieusement de l'époque fixe où cette disette de linge cesserait, et notre hôte nous assura que nous trouverions à Cosenza un excellent hôtel, où il y aurait probablement des draps blancs, si toutefois l'hôtel n'avait pas été renversé par les tremblements de terre. Nous demandâmes le nom de cette bienheureuse auberge, qui devenait pour nous ce que la terre promise était pour les Hébreux, et nous apprîmes qu'elle portait pour enseigne : *Al Riposo d'Alarico*, c'est-à-dire *Au Repos d'Alaric*. Cette enseigne était de bon augure : si un roi s'était reposé là, il est évident que nous, qui étions de simples particuliers, ne pouvions pas être plus difficiles qu'un roi. Nous prîmes donc patience en songeant que nous n'avions plus que deux nuits à souffrir, et qu'ensuite nous serions heureux comme des Visigoths.

Je tins donc mon hôte quitte de ses draps : et tandis que Jadin allait fumer sa pipe, je me jetai sur mon lit, enveloppé dans mon manteau.

J'étais dans cet état de demi-sommeil qui rend impassible, et pendant lequel on distingue à peine la réalité du songe, lorsque j'entendis dans la chambre voisine la voix de Jadin, dialoguant avec celle de nos deux compatriotes : au milieu de mille paroles confuses je distinguai le nom de Bellini. Cela me reporta à Palerme, où j'avais entendu sa *Norma*, son chef-d'œuvre peut-être ; le trio du premier acte me revint dans l'esprit, je me sentis bercé par cette mélodie et je fis un pas de plus vers le sommeil. Puis il me sembla entendre : « Il est mort. — Bellini est mort ?... — Oui. » Je répétai machinalement : Bellini est mort. Et je m'endormis.

Cinq minutes après, ma porte s'ouvrit et je me réveillai en sursaut : c'était Jadin qui rentrait.

— Pardieu, lui dis-je, vous avez bien fait de m'éveiller, je faisais un mauvais rêve.

— Lequel ?

— Je rêvais que ce pauvre Bellini était mort.

— Rien de plus vrai que votre rêve, Bellini est mort.

Je me levai tout debout.

— Que dites-vous là? Voyons.

— Je vous répète ce que viennent de m'assurer nos deux compatriotes, qui l'ont lu à Naples sur les journaux de France, Bellini est mort.

— Impossible! m'écriai-je, j'ai une lettre de lui pour le duc de Noja. — Je m'élançai vers ma redingote, je tirai de ma poche mon portefeuille, et du portefeuille la lettre.

— Tenez.

— Quelle est sa date? Je regardai.

— 6 mars.

— Eh bien! mon cher, me dit Jadin, nous sommes aujourd'hui au 18 octobre, et le pauvre garçon est mort dans l'intervalle, voilà tout. Ne savez-vous pas que, de compte fait, notre sublime humanité possède 22,000 maladies, et que nous devons à la mort 12 cadavres par minute, sans compter les époques de peste, de typhus et de choléra où elle est compte?

— Bellini est mort! répétai-je sa lettre à la main....

Cette lettre, je la lui avais vu écrire au coin

de ma cheminée; je me rappelai ses beaux cheveux blonds, ses yeux si doux, sa physionomie si mélancolique; je l'entendais me parler ce français qu'il parlait si mal avec un si charmant accent; je le voyais poser sa main sur ce papier : ce papier conservait son écriture, son nom; ce papier était vivant et lui était mort ! Il y avait deux mois à peine qu'à Catane, sa patrie, j'avais vu son vieux père, heureux et fier comme on l'est à la veille d'un malheur. Il m'avait embrassé, ce vieillard, quand je lui avais dit que je connaissais son fils ; et ce fils était mort ! ce n'était pas possible. Si Bellini fût mort, il me semble que ces lignes eussent changé de couleur, que son nom se fût effacé; que sais-je! je rêvais, j'étais fou. Bellini ne pouvait pas être mort; je me rendormis.

Le lendemain on me répéta la même chose, je ne voulais pas la croire davantage; ce ne fut qu'en arrivant à Naples que je demeurai convaincu.

Le duc de Noja avait appris que j'avais pour lui une lettre de l'auteur de la *Somnambule* et des *Puritains*, il me la fit demander. J'allai le voir et je la lui montrai, mais je ne la lui donnai point, cette lettre était devenue pour moi une chose sacrée : elle prouvait que non-seulement j'avais connu Bellini, mais encore que j'avais été son ami.

La nuit avait été pluvieuse, et le temps ne paraissait pas devoir s'améliorer beaucoup pendant la journée, qui devait être longue et fatigante, puisque nous ne pouvions nous arrêter qu'à Rogliano, c'est-à-dire à dix lieues d'où nous étions à peu près. Il était huit heures du matin; en supposant sur la route une halte de deux heures pour notre guide et nos mulets, nous ne pouvions donc guère espérer que d'arriver à huit heures du soir.

A peine fûmes-nous partis, que la pluie recommença. Le mois d'octobre, ordinairement assez beau en Calabre, était tout dérangé par le tremblement de terre. Au reste, depuis deux ou trois jours et à mesure que nous approchions de Cosenza, le tremblement de terre devenait la cause ou plutôt le prétexte de tous ces malheurs qui nous arrivaient.

C'était la léthargie du légataire universel.

Vers midi nous fîmes notre halte; cette fois nous avions pris le soin d'emporter avec nous du pain, du vin et un poulet rôti, de sorte qu'il ne nous manqua, pour faire un excellent déjeuner, qu'un rayon de soleil; mais, loin de là, le temps s'obscurcissait de plus en plus, et d'énormes masses de nuages passaient dans le ciel, chassés par un vent du midi qui, tout en nous présageant l'orage, avait cependant cela de bon, qu'il nous donnait l'assurance que notre spéronare devait, à moins de mauvaise volonté de sa part, être en route pour nous rejoindre. Or, notre réunion devenait urgente pour mille raisons, dont la principale était l'épuisement prochain de nos finances.

Vers les deux heures, l'orage dont nous étions menacés depuis le matin éclata : il faut avoir éprouvé un orage dans les pays méridionaux, pour se faire une idée de la confusion où le vent, la pluie, le tonnerre, la grêle et les éclairs peuvent mettre la nature. Nous nous avancions par une route extrêmement escarpée et dominant des précipices, de sorte que, de temps en temps, nous trouvant au milieu des nuages qui couraient avec rapidité chassés par le vent, nous étions obligés d'arrêter nos mulets; car, cessant entièrement de voir à trois pas autour de nous, il eût été très-possible que nos montures nous précipitassent du haut en bas de quelque rocher. Bientôt les torrents se mêlèrent de la partie et se mirent à bondir du haut en bas des montagnes; enfin nos mulets rencontrèrent des espèces de fleuves qui traversaient la route, et dans lesquels ils entrèrent d'abord jusqu'aux jarrets, puis jusqu'au ventre, puis enfin où nous entrâmes nous-mêmes jusqu'aux genoux. La situation devenait de plus en plus pénible. Cette pluie continuelle nous avait percés jusqu'aux os; les nuages qui passaient en nous inveloppant, chassés par la tiède haleine du sirocco, nous laissaient le visage et les mains couverts d'une espèce de sueur qui, au bout d'un instant, se glaçait au contact de l'air; enfin, ces torrents toujours plus rapides, ces cascades toujours plus bondissantes, menaçaient de nous entraîner avec elles. Notre guide lui-même paraissait inquiet, tout habitué qu'il dût être à de pareils cataclysmes; les animaux eux-mêmes partageaient cette crainte, à chaque torrent Milord poussait des plaintes pitoyables, à chaque coup de tonnerre nos mules frissonnaient.

Cette pluie incessante, ces nuages successifs, ces cascades que nous rencontrions à chaque pas, avaient commencé par nous produire, tant que nous avions conservé quelque chaleur personnelle, une sensation des plus désagréables; mais peu à peu un refroidissement si grand s'empara de nous, qu'à peine nous apercevions-nous, à la sensation éprouvée, que nous passions au milieu de ces fleuves improvisés. Quant à moi, l'engourdissement me gagnait au point que je ne sentais plus mon mulet entre mes jambes, et que je ne voyais aucun motif pour garder mon équilibre, comme je le faisais, autrement que par un miracle; aussi cessai-je tout à fait de m'occuper de ma monture pour la laisser aller où bon lui semblait. J'essayai de parler à Jadin, mais à peine si j'entendais mes propres paroles, et, à coup sûr, je n'entendis point la réponse. Cet état étrange allait, au reste, toujours s'augmentant, et la nuit étant venue sur ces entrefaites, je perdis à peu près tout sentiment de mon existence, à l'exception de ce mouvement machinal que m'imprimait ma monture. De temps en temps ce mouvement cessait tout à coup, et je restais immobile; c'était mon mulet qui, engourdi comme moi, ne voulait plus aller, et que notre guide ranimait à grands coups de bâton. Une fois la halte fut plus longue, mais je n'eus pas la force de m'informer de ce qui la causait; plus tard, j'appris que c'était Milord qui n'en pouvant plus avait, de son côté, cessé de nous suivre, et qu'il avait fallu attendre. Enfin, après un temps qu'il me serait impossible de mesurer, nous nous arrêtâmes de nouveau; j'entendis des cris, je vis des lumières, je sentis qu'on me soulevait de dessus ma selle; puis j'éprouvai une vive douleur par le contact de mes pieds avec la terre. Je voulus cependant marcher, mais cela me fut impossible. Au bout de quelques pas je perdis entièrement connaissance, et je ne me réveillai que près d'un grand feu et couvert de serviettes chaudes que m'appliquaient, avec une charité toute chrétienne, mon hôtesse et ses deux filles. Quant à Jadin, il avait mieux supporté que moi cette affreuse marche, sa veste de panne l'ayant tenu plus long-temps à l'abri que n'avait pu le faire mon manteau de drap et ma veste de toile. Quant à Milord, il était étendu sur une dalle qu'on avait chauffée avec des cendres et paraissait absolument privé de connaissance : deux chats jouaient entre ses pattes, je le crus trépassé.

Mes premières sensations furent douloureuses ; il fallait que je revinsse sur mes pas pour vivre : j'avais moins de chemin à achever pour mourir ; et puis c'eût été autant de fait.

Je regardai autour de moi, nous étions dans une espèce de chaumière, mais au moins nous étions à l'abri de l'orage et près d'un bon feu. Au dehors on entendait le tonnerre qui continuait de gronder et le vent qui mugissait à faire trembler la maison. Quant aux éclairs je les apercevais à travers une large gerçure de la muraille produite par les secousses du tremblement de terre.

Nous étions dans le village de Rogliano, et cette malheureuse cabane en était la meilleure auberge.

Au reste, je commençais à reprendre mes forces : j'éprouvais même une espèce de sentiment de bien-être à ce retour de la vie et de la chaleur. Cette immersion de six heures pouvait remplacer un bain, et si j'avais eu du linge blanc et des habits secs à mettre j'aurais presque béni l'orage et la pluie; mais toute notre robba était imprégnée d'eau, et tout autour d'un immense brasier allumé au milieu de la chambre et dont la fumée s'en allait par les mille ouvertures de la maison, je voyais mes chemises, mes pantalons et mes habits qui fumaient de leur côté à qui mieux mieux, mais qui, malgré le soin qu'on avait pris de les tordre, ne promettaient pas d'être séchés de sitôt.

Ce fut alors que j'enviai ces fameux draps blancs que, selon toute probabilité, nous devions trouver au *Repos d'Alaric*, et dont je n'osai pas même m'informer à Rogliano. Au reste, à la rigueur, ma position était tolérable;

j'étais sur un matelas, entre la cheminée et le brasero, au milieu de la chambre ; une douzaine de serviettes, qui m'enveloppaient de la tête aux pieds, pouvaient à la rigueur remplacer les draps. Je fis chauffer une couverture et me la fis jeter sur le corps. Puis, sourd à toute proposition de souper, je déclarai que j'abandonnais magnanimement ma part à mon guide, qui pendant toute cette journée avait été admirable de patience, de courage et de volonté.

Soit fatigue suprême, soit qu'effectivement la position fût plus tolérable que la veille, nous parvînmes à dormir quelque peu pendant cette nuit. Au reste, autant que je puis m'en souvenir au milieu de la torpeur dans laquelle j'étais tombé, nos hôtes furent pleins d'attention et de complaisance pour nous, et l'état dans lequel ils nous avaient vus avait paru leur inspirer une profonde pitié.

Le lendemain au matin, notre guide vint nous prévenir qu'une de ses mules ne pouvait plus se tenir sur ses jambes ; elle avait été prise d'un refroidissement, et paraissait entièrement paralysée. On envoya chercher le médecin de Rogliano, qui, comme Figaro, était à la fois barbier, docteur et vétérinaire; il répondit de l'animal si on lui laissait pendant deux jours la faculté de le médicamenter. Nous décidâmes alors qu'on chargerait tout notre bagage sur la mule valide, et que nous irions à pied jusqu'à Cosenza, qui n'est éloignée de Rogliano que de quatre lieues.

Le première chose que je fis en sortant fut de m'assurer de quel côté venait le vent; heureusement il était est-sud-est, ce qui faisait que notre speronare devait s'en trouver à merveille. Or, l'arrivée de notre speronare devenait de plus en plus urgente : nous étions, Jadin et moi, à la fin de nos espèces, et nous avions calculé que, notre guide payé, il nous resterait une piastre et deux ou trois carlins.

A mesure que nous approchions, nous voyions des traces de plus en plus marquées du tremblement de terre : les maisons, éparses sur le bord de la route comme c'est la coutume aux environs des villes, étaient presque toutes abandonnées ; les unes manquaient de toit, tandis que les autres étaient lézardées du haut en bas, et quelques-unes même renversées tout à fait. Au milieu de tout cela, nous rencontrions des Cosentins à cheval avec leur fusil et leur giberne, des paysans sur des voitures pleines de tonneaux rougis par le vin ; puis, de lieue en lieue, de ces migrations de familles tout entières, avec leurs instruments de labourage, leur guitare et leur inséparable cochon. Enfin, en arrivant au haut d'une montagne, nous vîmes Cosenza, s'étendant au fond de la vallée que nous dominions, et, dans une prairie attenante à la ville, une espèce de camp, qui nous parut infiniment plus habité que la ville elle-même.

Après avoir traversé une espèce de faubourg, nous descendîmes par une grande rue assez régulière, mais qui ressemblait par sa solitude à une rue d'Herculanum ou de Pompéia ; plusieurs maisons étaient renversées tout à fait, d'autres lézardées depuis le toit jusqu'aux fondations, d'autres enfin avaient toutes leurs fenêtres brisées, et c'étaient les moins endommagées. Cette rue nous conduisit au bord du Busento, où, comme on se le rappelle, fut enterré le roi Alaric; le fleuve était complétement tari, et l'eau avait disparu sans doute dans quelque gouffre qui s'était ouvert entre sa source et la ville. Nous vîmes dans son lit desséché une foule de gens qui faisaient des fouilles sur l'autorité de Jornandès, qui raconte les riches funérailles de ce roi. A chaque fois que le même phénomène se renouvelle, on fait les mêmes fouilles, et cela sans que les savants Cosentins, dans leur admirable vénération pour l'antiquité, se laissent jamais abattre par les déceptions successives qu'ils ont éprouvées. La seule chose qu'aient jamais produite ces excavations est un petit cerf d'or, qui fut retrouvé à la fin du dernier siècle.

En face de nous et de l'autre côté du Busento était la fameuse auberge du *Repos d'Alaric*, ouvrant majestueusement sa grande porte au voyageur fatigué. Nous avions trop long-temps soupiré après ce but pour ne pas essayer de l'atteindre le plus vite possible ; en conséquence nous traversâmes le pont, et nous vînmes demander l'hospitalité à l'hôtel patronisé par le spoliateur du Panthéon et le destructeur de Rome.

CHAPITRE XIV.

COSENZA.

Au premier abord, nous crûmes l'hôtel abandonné comme les maisons que nous avions rencontrées sur la route. Nous parcourûmes tout le rez-de-chaussée et tout le premier sans trouver ni maître ni domestiques à qui adresser la parole : la plupart des carreaux des fenêtres étaient cassés, et peu de meubles étaient à leur place. Nous comprîmes que ce désordre était le résultat de la catastrophe qui agitait en ce moment les Cosentins, et nous commençâmes à craindre de ne point avoir encore trouvé là l'Eldorado que nous nous étions promis.

Enfin, après être montés du rez-de-chaussée au premier et être redescendus du premier au rez-de-chaussée sans rencontrer une seule personne, nous crûmes entendre quelque bruit au-dessous de nous. Nous enfilâmes un escalier qui nous conduisit à une cave, et, après avoir descendu une douzaine de marches, nous nous trouvâmes dans une salle souterraine éclairée par cinq ou six lampes fumeuses et occupée par une vingtaine de personnes.

Je n'ai jamais vu d'aspect plus étrange que celui que présentait cette chambre, dont les habitants formaient trois groupes bien distincts. Le premier se composait d'un chanoine qui, depuis huit jours que durait le tremblement de terre, n'avait pas voulu se lever; il était dans un grand lit emboîté à l'angle le plus profond de la salle, et il avait près de lui quatre campieri qui veillaient sans cesse leur fusil à la main. En face du lit était une table où des marchands de bestiaux jouaient aux cartes. Enfin, sur un plan plus rapproché de la porte, un troisième groupe mangeait et buvait; des provisions de pain et de vin étaient entassées dans un coin, afin que, si la maison s'écroulait sur ses habitants, ils ne mourussent ni de faim ni de soif en attendant qu'on leur portât secours. Quant au rez-de-chaussée et au premier, ils étaient, comme nous l'avons dit, complétement abandonnés.

A peine les garçons de l'hôtel nous eurent-ils aperçus sur le pas de la porte qu'ils accoururent à nous, non point avec la politesse naturelle de l'espèce à laquelle ils appartiennent, mais au contraire avec un air rébarbatif qui ne promettait rien de bon. En effet, au lieu des offres et des promesses ordinaires qui vous accueillent sur le seuil des auberges, c'était un interrogatoire en règle qui nous attendait. On nous demanda d'où nous venions, où nous allions, qui nous étions, comment nous voyagions ; à et l'imprudence que nous eûmes d'avouer que nous arrivions avec un guide et un seul mulet, on nous répondit qu'à l'hôtel du Repos d'Alaric on ne logeait pas les voyageurs à pied. J'avais grande envie de rosser vigoureusement le drôle qui nous faisait cette réponse ; mais Jadin me retint, et je me contentai de tirer de ma poche la lettre que le fils du général Nunziante m'avait donnée pour le baron Mollo.

— Connaissez-vous le baron Mollo? dis-je au garçon.

— Est-ce que vous connaissez le baron Mollo? demanda celui auquel je m'adressais, d'un ton infiniment radouci.

— Il n'est pas question de savoir si je le connais, moi; il s'agit de savoir si vous le connaissez, vous.

— Oui... monsieur.

— Est-il en ce moment à Cosenza?

— Il y est.... excellence.

— Portez-lui cette lettre à l'instant même, et demandez-lui à quelle heure il pourra recevoir les deux gentilshommes qui l'ont apportée. Peut-être nous trouvera-t-il un hôtel, lui.

— Mille pardons, excellence; si nous eussions su que leurs excellences eussent l'honneur de connaître le baron Mollo, ou plutôt que le baron Mollo eût l'honneur de connaître leurs excellences, certainement qu'au lieu de répondre ce que nous avons répondu nous nous serions empressés.

— En ce cas, ne répondez rien, et empressez-vous. Allez !

Le garçon s'inclina jusqu'à terre, et sortit en courant.

Dix minutes après, le maître de l'hôtel rentra et vint à nous.

— Ce sont leurs excellences qui connaissent le baron Mollo? nous demanda-t-il.

— C'est-à-dire, lui répondis-je, que nos excellences ont des lettres pour lui de la part du fils du général Nunziante.

— Alors je fais mille excuses à leurs excellences de la manière dont le garçon les a reçues. En ce temps de malheur, où la moitié des maisons sont abandonnées, nous recommandons à nos gens les mesures les plus sévères à l'endroit des étrangers; et je prierai leurs excellences de ne pas se formaliser si au premier abord...

— On les a prises pour des voleurs, n'est-ce pas?

— Oh! excellences.

— Allons, allons, dit Jadin, nous nous ferons des compliments ce soir ou demain matin. En attendant, pourrait-on avoir une chambre?

— Que dit son excellence? demanda le maître de l'hôtel.

Je lui traduisis le désir de Jadin.

— Certainement, reprit-il. Oh! de chambres, il n'en manque pas; mais il s'agit de savoir si leurs excellences voudront coucher dans des chambres.

— Mais certainement, dit Jadin, que nous voulons coucher dans des chambres. Où voulez-vous donc que nous couchions? à la cave?

— Dans les circonstances actuelles ce serait peut-être plus prudent. Voyez ces messieurs, ajouta notre hôte en nous montrant l'honorable société que nous avons décrite, il y a huit jours qu'ils sont ici.

—Merci, merci, dit Jadin; elle infecte, votre société.

— Il y a encore les baraques, nous dit l'hôte.

— Qu'est-ce que les baraques? demandai-je.

— Ce sont de petites cabanes en bois et en paille que nous avons fait bâtir dans la prairie et sous lesquelles tous les seigneurs de la ville se sont retirés.

— Mais enfin, demanda Jadin, pourquoi avez-vous de la répugnance à nous donner des chambres?

— Mais parce que d'un moment à l'autre le plancher peut tomber sur la tête de leurs excellences et les écraser.

— Le plancher tomber! et pourquoi tomberait-il?

— Mais à cause du tremblement de terre.

— Est-ce que vous croyez au tremblement de terre, vous? me dit Jadin.

—Dame! il me semble que nous en avons vu des traces.

— Mais non, c'est un tas de farceurs; leurs maisons tombent parce qu'elles sont vieilles, et ils disent que c'est un tremblement de terre pour obtenir une indemnité du gouvernement. Mais l'hôtel est bâti à neuf; il ne tombera pas.

— Est-ce votre avis?

— Je le crois bien.

— Mon cher hôte, avez-vous des baignoires?

— Oui.

— Vous pouvez nous donner à déjeuner?

— Oui.

— Vous possédez des draps blancs?

— Oh! oui, monsieur.

— Eh bien! avec des promesses comme celles-là, nous ne quitterons pas l'hôtel quand il devrait nous tomber sur la tête.

— Vous êtes les maîtres.

— Ainsi vous entendez : deux bains, deux déjeuners, deux lits; tout cela le plus tôt possible.

— Dame, peut-être ferai-je attendre leurs excellences, il faut trouver le cuisinier.

— Et pourquoi ce gaillard-là n'est-il pas à ses fourneaux ?

— Monsieur, il a eu peur et il est aux baraques; mais enfin, comme il y a moins de danger le jour que la nuit, peut-être consentira-t-il à venir à l'hôtel.

— S'il ne consent pas, prévenez-nous à l'instant même, et nous ferons notre cuisine nous-mêmes.

— Oh! excellences, je ne souffrirais jamais...

— Nous verrons tout cela après; nos bains, notre déjeuner, nos lits d'abord.

— Je cours faire préparer tout cela ; en attendant, leurs excellences peuvent choisir dans l'hôtel l'appartement qui leur convient le mieux.

Nous recommençâmes la visite, et nous nous arrêtâmes à une grande chambre au premier dont les fenêtres s'ouvraient sur le fleuve et sur le faubourg; le faubourg était toujours désert et le fleuve toujours habité.

Au bout d'une heure et demie nous avions

pris nos bains, nous avions fait une excellente collation, et nous étions dans nos lits bien confortablement bassinés.

On nous annonça le baron Mollo : on ne l'avait point trouvé chez lui ; on l'avait aussitôt poursuivi aux baraques, où il avait fallu le temps de démêler sa cahute de toutes les cahutes voisines. Alors, avec cette politesse excessive que l'on rencontre chez tous les gentilshommes italiens, il n'avait pas voulu souffrir que nous nous dérangeassions, fatigués comme nous devions l'être, et il était venu lui-même à l'hôtel, ce qui avait porté au comble la confusion du pauvre camerière et la vénération de notre hôte pour ses voyageurs.

Nous fîmes faire toutes nos excuses au baron, et nous lui dîmes que, n'ayant point couché depuis huit jours dans des draps blancs, nous avions été pressés de jouir de cette nouveauté ; mais que, cependant, s'il voulait passer par-dessus le cérémonial et entrer dans notre chambre, il nous ferait le plus grand plaisir : trois minutes après que le camérière était allé reporter notre réponse, la porte s'ouvrit et le baron entra.

C'était un homme de cinquante-cinq à soixante ans, parlant très-bien français et remarquable, de bonnes manières ; il avait habité Naples du temps de la domination française, et, comme presque toutes les personnes des classes supérieures, il avait conservé de nous un excellent souvenir.

De plus, la lettre que nous lui avions fait remettre avait produit des merveilles. Le fils du général Nunziante, versé dans la littérature française, qui faisait sur le volcan où il était relégué à peu près sa seule distraction, m'avait recommandé à lui de la façon la plus pressante; de sorte qu'il venait mettre à notre disposition sa personne, sa voiture, ses chevaux et même sa baraque. Quant à son palazzo, il n'en était point question ; il était fendu depuis le haut jusqu'en bas, et chaque soir il s'attendait à ne pas le retrouver debout le lendemain.

Alors il nous fallut bien reconnaître qu'il

y avait eu un tremblement de terre. La première secousse s'était fait sentir dans la soirée du douze, et elle avait été excessivement violente : c'était cette même secousse qui, à l'extrémité de la Calabre, nous avait tous envoyés du pont de notre speronare sur le sable du rivage. Toutes les nuits d'autres secousses lui succédaient, mais on remarquait qu'elles allaient chaque nuit s'affaiblissant; cependant, soit que les maisons qui n'étaient pas tombées à la première secousse fussent ébranlées et ne pussent résister aux autres, quoique moins violentes, chaque matinée on signalait quelque nouveau désastre. Au reste, Cosenza n'était point encore le point qui avait le plus souffert; plusieurs villages, et entre autres celui de Castiglione, distant de cinq milles de la capitale de la Calabre, étaient entièrement détruits.

A Cosenza une soixantaine de maisons étaient renversées seulement, et une vingtaine de personnes avaient péri.

Le bon Mollo nous gronda fort de l'imprudence que nous commettions en restant ainsi à l'hôtel; mais nous nous trouvions si bien dans nos lits, que nous lui déclarâmes que, puisqu'il s'était si obligeamment mis à notre disposition, nous le chargions, en cas de malheur, de nous faire faire un enterrement digne de nous, mais que nous ne bougerions pas d'où nous étions. Voyant que c'était une résolution prise, le baron Mollo nous renouvela alors ses offres de services, nous donna son adresse aux baraques et prit congé de nous.

Deux heures après nous nous levâmes parfaitement reposés, et nous commençâmes à visiter la ville.

C'était le centre qui avait le plus souffert : là, toutes les maisons étaient à peu près abandonnées et offraient un aspect de désolation impossible à décrire : dans quelques-unes, complétement écroulées et dont les habitants n'avaient pas eu le temps de fuir, on faisait des fouilles pour retrouver les cadavres, tandis que les parents étaient pleins d'anxiété pour savoir si les ensevelis seraient retirés morts ou vivants. Au milieu de tout cela, circulait une confrérie de capucins, portant des consolations aux affichés, prodiguant des secours aux blessés et rendant les derniers devoirs aux morts. Au reste, partout où je les avais rencontrés, j'avais vu les capucins donnant aux autres ordres monastiques d'admirables exemples de dévouement; et cette fois encore ils n'avaient point failli à leur pieuse mission.

Après avoir visité la ville, nous nous rendîmes aux baraques. C'était, comme nous l'avons dit, une espèce de camp dressé dans une petite prairie attenante au couvent des capucins et presque entourée de haies, comme une place forte de murailles; des baraques en lattes, recouvertes en paille, avaient été construites sur quatre rangs, de manière à former deux rues, en dehors desquelles avaient été se dresser les habitations de ceux qui ne veulent jamais faire comme les autres, et qui s'étaient bâti çà et là des espèces de maisons de campagne; d'autres enfin qui, au milieu de la désolation générale, avaient voulu conserver leur position aristocratique, s'étaient refusés à descendre à la simple baraque et demeuraient dans leurs voitures dételées, tandis que le cocher habitait sur le siége de devant et les domestiques sur le siége de derrière. Tous les matins, une espèce de marché se tenait dans un coin de la prairie; les cuisiniers et les cuisinières allaient y faire leurs provisions; puis, sur des espèces de fourneaux improvisés, situés derrière chaque baraque, chaque repas se préparait tant bien que mal et se mangeait en général sur une table dressée à la porte, ce qui faisait qu'attendu l'habitude qu'ont gardée les Cosentins de dîner d'une heure à deux heures, ces repas ressemblaient fort aux banquets fraternels des Spartiates.

Au reste, rien, excepté la vue, ne peut donner l'idée de l'aspect de cette ville improvisée, où la vie intérieure de toute une population était mise à découvert depuis les échelons les plus inférieurs jusqu'aux degrés les plus élevés; depuis l'écuelle de terre jusqu'à la soupière d'argent; depuis l'humble macaroni cuit à l'eau, composant le repas complet, jusqu'au dîner luxueux dont il ne forme qu'une simple entrée. Nous étions justement arrivés à l'heure de ce banquet général, et la chose se présentait à nous par son côté le plus original et le plus curieux.

Au milieu de notre course à travers ce double rang de tables, nous aperçûmes à la porte d'une baraque plus spacieuse que les autres le baron Mollo, servi par des domestiques en livrée et dînant avec sa famille. A peine nous eut-il aperçus, qu'il se leva et nous présenta à ses convives en nous offrant de prendre notre place au milieu d'eux : nous le remerciâmes, attendu que nous venions de déjeuner nous-mêmes. Il nous fit alors apporter des chaises, et nous restâmes un moment à causer de la catastrophe ; car on comprend bien que c'était l'objet de la conversation générale et que le dialogue, détourné un instant de ce sujet, y revenait bientôt, ramené qu'il y était presque malgré lui par la vue des objets extérieurs.

Nous restâmes jusqu'à quatre heures à nous promener aux baraques, qui étaient, au reste, le rendez-vous de ceux mêmes qui n'avaient point voulu quitter leurs maisons, et le nombre, il faut le dire, en était fort minime. C'est là qu'on se faisait et qu'on recevait mutuellement les visites, et que s'étaient renouées les relations sociales, un instant interrompues par la catastrophe, mais qui, plus fortes qu'elle, s'étaient presque aussitôt rétablies. A quatre heures, notre dîner nous attendait nous-mêmes à l'hôtel.

Le repas se passa sans accident, et n'eut d'autre résultat que d'augmenter notre vénération pour l'hôtel del Riposo d'Alarico. Ce n'était point que la chère en fût ni fort délicate ni fort variée, puisque je crois que, pendant les huit jours que nous y restâmes, le plat fondamental en fut toujours un haricot de mouton. Mais il y avait si long-temps que nous n'avions vu une table un peu proprement couverte de linge blanc, de porcelaine et d'argenterie, que nous nous regardions comme les gens les plus heureux de la terre d'avoir retrouvé ce superflu de première nécessité.

Après le dîner, nous fîmes monter notre pizziote et nous réglâmes nos comptes avec lui ; comme nous l'avions calculé, bêtes et homme payés, il nous resta à peu près une piastre : c'était momentanément toute notre fortune ; aussi jamais négociant hollandais n'attendit vaisseau chargé aux grandes Indes d'une impatience pareille à celle dont nous attendions notre speronare.

A six heures la nuit vint : la nuit était le moment formidable; chaque nuit, depuis la soirée où la première secousse s'était fait sentir, avait été marquée par de nouvelles commotions et par de nouveaux malheurs; c'était ordinairement de minuit à deux heures que la terre s'agitait, et l'on comprend avec quelle anxiété toute la population attendait ce retour fatal.

A sept heures nous retournâmes aux baraques ; elles étaient presque toutes éclairées avec des lanternes, dont quelques-unes, empruntées aux voitures des propriétaires, jetaient un jour plus ardent et brillaient pareilles à des planètes au milieu d'étoiles ordinaires. Comme le temps était assez beau, tout le monde était sorti et se promenait; mais il y avait dans les mouvements, dans la voix et jusque dans les éclairs de gaieté de toute cette population, quelque chose de brusque, de saccadé et de furieux qui dénonçait l'inquiétude générale. Toutes les conversations roulaient sur le tremblement de terre, et de dix pas en dix pas on entendait ces paroles redites presque en forme d'oraison : — Enfin, Dieu nous fera peut-être la grâce qu'il n'y ait pas de secousse cette nuit.

Ce souhait, tant de fois répété qu'il était impossible que Dieu ne l'eût pas entendu, joint à notre incrédulité systématique, fit qu'encore très-fatigués de la façon dont nous avions passé les nuits précédentes, nous rentrâmes à l'hôtel vers les dix heures. Nous fûmes curieux de jeter, avant de rentrer chez nous, un second coup d'œil sur la salle basse : tout y était dans la même situation. Le chanoine, couché dans son lit, disait des prières, toujours gardé par ses quatre campieri; les marchands de bestiaux jouaient aux cartes, et un autre groupe continuait à boire et à manger en attendant la fin du monde.

Nous appelâmes le garçon, qui cette fois accourut à notre appel et qui se crut obligé, pour rentrer dans nos bonnes grâces qu'il craignait d'avoir à tout jamais perdues, d'essayer de nous dissuader de coucher dans notre chambre; mais nous ne répondîmes à ses conseils qu'en lui ordonnant de nous éclairer et de venir nous pendre des couvertures devant les fenêtres, veuves en grande partie, comme nous l'avons dit, de leurs carreaux. Il s'empressa d'obéir à cette double injonction, et bientôt nous nous retrouvâmes à peu près à l'abri de l'air extérieur et couchés dans nos excellents lits, ou qui, du moins par comparaison, nous paraissaient tels.

Alors nous agitâmes cette grave question de savoir si nous devions employer la dernière piastre qui nous restait à envoyer un messager à San-Lucido, afin de savoir si le speronare y avait paru, et, dans le cas où il ne serait pas arrivé, pour que le messager y laissât du moins, à l'adresse du capitaine, une lettre qui l'informât de notre situation et l'invitât à venir nous rejoindre avec une vingtaine de louis dans ses poches aussitôt qu'il aurait mis pied à terre. La question fut résolue affirmativement, le garçon se chargea de nous trouver le commissionnaire, et j'écrivis la lettre destinée à lui être remise si on le trouvait au rendez-vous, destinée à l'attendre s'il n'y était pas.

Après quoi, nous priâmes Dieu de nous prendre en sa sainte et digne garde. Nous gardâmes une de nos lampes que nous plaçâmes derrière un paravent, afin d'avoir de la lumière en cas d'accident; nous soufflâmes l'autre et nous nous endormîmes.

Vers le milieu de la nuit, nous fûmes réveillés par le cri de : Terre moto! terre moto! Une secousse terrible, que nous n'avions pas sentie, venait, à ce qu'il paraît, d'avoir lieu : nous sautâmes au bas de nos lits, qui se trouvaient avoir roulé au milieu de la chambre, et nous courûmes à la fenêtre.

Une partie de la population vaguait par les rues en poussant des cris terribles. Tous ceux qui, comme nous, étaient restés dans les maisons, se précipitaient dehors, dans le costume pittoresque où la commotion les avait surpris.

La foule s'écoula du côté des baraques, et peu à peu la tranquillité se rétablit : nous restâmes une demi-heure à la fenêtre à peu près, et, comme il n'y eut pas de nouvelle secousse, la ville retomba peu à peu dans le silence : quant à nous, nous refermâmes les croisées, nous retendîmes les couvertures, nous repoussâmes nos lits le long de la muraille et nous nous recouchâmes.

Le lendemain, quand nous sonnâmes, ce fut notre hôte lui-même qui entra. La commotion de la nuit avait été si violente, qu'il avait cru que, pour cette fois, son auberge s'était écroulée : il était alors sorti de sa baraque et était accouru, de peur qu'il ne nous fût arrivé quelque accident ; mais il nous avait vus à la fenêtre et cela l'avait rassuré.

Trois maisons de plus avaient cédé et étaient complétement en ruines ; heureusement, comme c'étaient des plus ébranlées, elles étaient désertes, et personne par conséquent n'avait été victime de cet accident.

Avec le jour revint la tranquillité; par un hasard singulier, les secousses revenaient régulièrement et toujours la nuit, ce qui augmentait la terreur. Dès le point du jour, au reste, nous avions entendu les cloches sonner; et comme nous étions au dimanche, il y avait grand'messe et prêche au couvent des Capucins. Quoique nous nous y fussions pris d'avance, prévenus que nous étions par notre hôte que l'église serait trop petite pour contenir les fidèles, nous arrivâmes encore trop tard; l'église débordait dans la rue, et nous eûmes grand'peine à percer la foule pour pénétrer dans l'intérieur. Enfin nous y parvînmes, et nous nous trouvâmes assez près de la chaire pour ne pas perdre un mot du sermon.

Vu la solennité de la circonstance, la chaire avait été convertie en une espèce de théâtre, d'une dizaine de pieds de long sur trois ou quatre de large, qui faisait absolument l'effet d'un balcon accroché à une colonne. Ce balcon était drapé de noir, comme pour les services funèbres, et à l'une des extrémités était planté un grand christ de bois. Le moment venu, l'officiant interrompit la messe, et un des frères sortit du chœur et monta en chaire. C'était un homme de trente à trente-cinq ans, avec une barbe et des cheveux noirs qui faisaient encore ressortir son extrême pâleur. Ses grands yeux caves semblaient brûlés par la fièvre, et lorsqu'il mit le pied sur la première marche de l'escalier, ce fut avec une démarche si débile et si chancelante, qu'on n'aurait pas cru qu'il eût la force d'arriver jusqu'en haut; cependant il y parvint, mais avec lenteur, et en se traînant plutôt qu'en marchant. Arrivé là, il s'appuya sur la balustrade, comme épuisé de l'effort qu'il venait de faire; puis, après avoir promené un long regard sur l'auditoire, il commença à parler d'une voix tellement faible qu'à peine ceux qui étaient les plus rapprochés de lui pouvaient-ils l'entendre. Mais peu à peu sa voix prit de la force, ses gestes s'animèrent, sa tête se releva, et, sans doute excité par la fièvre même qui semblait le dévorer, ses yeux commencèrent à lancer des éclairs, tandis que ses paroles, rapides, pressées, incisives, reprochaient à l'auditoire cette corruption générale où le monde était arrivé, corruption qui attirait la colère de Dieu sur la terre, colère dont la catastrophe qui désolait Cosenza était l'expression visible et immédiate. Ce fut alors que je compris ce développement donné à la chaire. Ce n'était plus cet homme faible et souffrant, pouvant se traîner à peine, qui avait besoin de la balustrade pour s'y soutenir; c'était le prédicateur emporté par son sujet, s'adressant à la fois à toutes les parties de l'auditoire, jetant ses apostrophes tantôt à la masse, tantôt aux individus; bondissant d'un bout à l'autre de sa chaire; se lamentant comme Jérémie, ou menaçant comme Ézéchiel; puis, de temps en temps, s'adressant au christ, baisant ses pieds, se jetant à genoux, le suppliant; puis, tout à coup, le saisissant dans ses bras et l'élevant plein de menace au-dessus de la foule terrifiée. Je ne pouvais point entendre tout ce qu'il disait, mais cependant je comprenais l'influence que cette parole puissante devait, dans des circonstances pareilles, avoir sur la multitude. Aussi l'effet produit était universal, profond, terrible; hommes et femmes étaient tombés à genoux, baisant la terre, se frappant la poitrine, criant merci; tandis que le prédicateur, dominant toute cette foule, courait sans relâche, atteignant du geste et de la voix jusqu'à ceux qui l'écoutaient de la rue. Bientôt les cris, les larmes et les sanglots de l'auditoire furent si violents qu'ils couvrirent la voix qui les excitait; alors cette voix s'adoucit peu à peu : il passa de la menace à la miséricorde, de la vengeance au pardon. Enfin, il finit par annoncer que la communauté prenait sur elle les péchés de la ville tout entière, et il annonça que si, le surlendemain, le tremblement de terre n'avait pas cessé, lui et ses frères feraient par la ville une procession expiatoire, qui, il en avait l'espérance, achèverait de désarmer Dieu. Alors, comme un feu qui a consumé tout l'aliment qu'on lui a donné, il sembla s'éteindre; la rougeur maladive qui avait un instant enflammé ses joues disparut pour faire place à sa pâleur habituelle, une faiblesse plus grande encore que la première sembla briser ses membres, on fut forcé de le soutenir pour descendre de la chaire, et on le porta plutôt qu'on ne le conduisit sur sa stalle, où il s'évanouit.

Cette scène m'avait fait, je l'avoue, une puissante impression. Il y avait dans la conviction de cet homme quelque chose d'entraînant; je ne sais si son éloquence était selon les règles du langage et de l'art, mais elle était certainement selon les sympathies du cœur et les faiblesses de l'humanité. Né deux mille ans plus tôt, cet homme eût été un prophète.

Je quittai l'église profondément impressionné. Quant à l'auditoire, il resta à prier long-temps encore après que la messe fut finie; les baraques et la ville étaient désertes, la population tout entière s'était agglomérée autour de l'église.

Il en résulta qu'en revenant à l'hôtel, nous eûmes grand'peine à obtenir la collation : notre cuisinier était probablement un des pécheurs les plus repentants de la capitale de la Calabre, car il ne revint de l'église qu'un des derniers, et si consterné et si abattu, que nous pensâmes faire pénitence en son lieu et place en ne déjeunant pas.

Vers les deux heures notre messager revint: il n'avait trouvé aucun speronare à San-Lucido, mais on lui avait dit que, comme depuis trois jours le vent venait de la Sicile, il ne tarderait certainement pas à apparaître : il avait en conséquence laissé la lettre à un marinier de ses amis qui connaissait le capitaine Aréna, et qui avait promis de la lui remettre aussitôt son arrivée.

La journée s'écoula, comme celle de la veille, à nous promener aux baraques, cet étrange Longchamps. Le soir venu, nous voulûmes cette fois jouir du tremblement de terre ; comme nous étions à peu près reposés par l'excellente nuit que nous avions passée, au lieu de nous coucher à dix heures nous nous rendîmes au rendez-vous général, où nous trouvâmes tous les habitants dans la terrible expectative qui, depuis dix jours déjà, les tenait éveillés jusjusqu'à deux heures du matin.

Tout se passa d'une façon assez calme jusqu'à minuit, heure avant laquelle les accidents se manifestaient rarement ; mais après que les douze coups, pareils à une voix qui pleure, eurent retenti lentement à l'église des Capucins, les personnes les plus attardées sortirent à leur tour des baraques, les groupes se formèrent et une grande agitation commença de s'y manifester : à chaque instant, quelques femmes, se figurant avoir senti trembler le sol sous les pieds, jetaient un cri isolé, auquel répondaient deux ou trois cris pareils; puis on se rassurait momentanément en voyant que la terreur était anticipée, et l'on attendait avec plus d'anxiété encore le moment de crier véritablement pour quelque chose.

Ce moment arriva enfin. Nous nous tenions par-dessous le bras Jadin et moi, lorsqu'il nous sembla qu'un frémissement métallique passait dans l'air; presque en même temps, et avant que nous eussions même ouvert la bouche pour nous faire part de ce phénomène, nous sentîmes la terre se mouvoir sous nos pieds : trois mouvements d'oscillation, allant du nord au midi, se firent sentir successivement; puis un mouvement d'élévation leur succéda. Un cri général retentit; quelques personnes, plus effrayées que les autres, commencèrent à fuir sans savoir où. Un instant de confusion eut lieu parmi cette foule, les clameurs qui venaient de la ville répondirent au cri qu'elle avait poussé; puis on entendit, dominant tout cela, le bruit sourd, et pareil à un tonnerre lointain, de deux ou trois maisons qui s'écroulaient.

Quoique assez ému moi-même de l'attente de l'événement, j'avais assisté à ce spectacle, dont j'étais un des acteurs, avec assez de calme pour faire des observations exactes sur ce qui s'était passé: le mouvement d'oscillation, venant du nord au midi, et revenant du midi au nord, me parut nous avoir déplacés de trois pieds à peu près; ce sentiment était pareil à celui qu'éprouverait un homme placé sur un parquet à coulisse et qui le sentirait tout à coup glisser sous ses pieds: le mouvement d'élévation, semblable à celui d'une vague qui soulèverait une barque, me parut être de deux pieds à peu près, et fut assez inattendu et assez violent pour que je tombasse sur un genou. Les quatre mouvements, qui se succédèrent à intervalles à peu près égaux, furent accomplis en six ou huit secondes.

Trois autres secousses eurent encore lieu dans l'espace d'une heure à peu près; mais celles-ci, beaucoup moins fortes que la première, ne furent qu'une espèce de frémissement du sol, et allèrent toujours en diminuant. Enfin, on comprit que cette nuit ne serait pas encore la dernière et que le monde avait probablement son lendemain. On se félicita mutuellement sur le nouveau danger auquel on venait d'échapper, et l'on rentra petit à petit dans les baraques. A deux heures et demie la place était à peu près déserte.

Nous suivîmes l'exemple qui nous était donné et nous regagnâmes nos lits : ils avaient pris, comme la veille, leur part du tremblement de terre en quittant la muraille et en s'en allant, l'un du côté de la fenêtre, l'autre du côté de la porte; nous les rétablîmes chacun en son lieu et place, et nous les assurâmes en nous y étendant. Quant à l'hôtel du Repos-d'Alaric, il était resté digne de son patron et demeurait ferme comme un roc sur ses fondations.

A huit heures du matin nous fûmes réveillés par le capitaine Aréna; il était arrivé la veille au soir avec le speronare et tout l'équipage à San-Lucido, il y avait trouvé notre lettre, et accourait en personne à notre secours les poches bourrées de piastres.

Il était temps : il ne nous restait pas tout à fait deux carlins.

CHAPITRE XVI.

TERRE MOTI.

Le baron Mollo nous avait entendus exprimer la veille le désir que nous avions d'aller visiter Castiglione, un des villages des environs de Cosenza qui avaient le plus souffert. En conséquence, à neuf heures du matin, nous vîmes arriver sa voiture, mise par lui à notre disposition pour toute la journée.

Nous partîmes vers les dix heures ; la voiture ne pouvait nous conduire qu'à trois milles de Cosenza. Arrivés là, nous devions prendre par un sentier dans la montagne et faire trois autres milles à pied avant d'arriver à Castiglione.

A peine fûmes-nous partis qu'une pluie

fine commença de tomber, qui, s'augmentant sans cesse, était passée à l'état d'ondée. Lorsque nous mîmes pied à terre cependant, nous n'en résolûmes pas moins de continuer notre chemin; nous prîmes un guide, et nous nous acheminâmes vers le malheureux village.

Nous l'aperçûmes d'assez loin, situé qu'il est au sommet d'une montagne, et, du plus loin que nous l'aperçûmes, il nous apparut comme un amas de ruines. Au milieu de ces ruines, nous voyions s'agiter toute la population. En effet, en nous approchant, nous nous aperçûmes que tout le monde était occupé à faire des fouilles : les vivants déterraient les morts.

Rien ne peut donner une idée de l'aspect de Castiglione. Pas une maison n'était restée intacte; la plupart étaient entièrement écroulées, quelques-unes étaient englouties entièrement : un toit se trouvait au niveau du sol et l'on passait dessus; d'autres maisons avaient tourné sur elles-mêmes, et parmi celles-ci il y en avait une dont la façade, qui était d'abord à l'orient, s'était retrouvée vers le nord ; la portion de terrain sur laquelle le bâtiment était situé avait suivi le même mouvement de rotation, de sorte que cette maison était une des moins mutilées. De son côté, le jardin, situé jusque-là au midi, se trouvait maintenant à l'ouest. Jusqu'à cette heure on avait retiré des décombres quatre-vingt-sept morts ; cinquante-trois personnes avaient été blessées plus ou moins grièvement, et vingt-deux individus devaient être encore ensevelis sous les ruines. Quant aux bestiaux, la perte en était considérable, mais ne pouvait s'évaluer encore, car beaucoup étaient retirés vivants, et, quoique blessés ou mourant de faim, pouvaient être sauvés. Un paysan occupé aux fouilles nous demanda qui nous étions; nous lui répondîmes que nous étions des peintres.—Que venez-vous faire ici alors? nous dit-il ; vous voyez bien qu'il n'y a plus rien à peindre.

Les détails des divers événements qu'amène un tremblement de terre sont tellement variés et souvent tellement incroyables, que j'hésite à consigner ici tout ce qu'on nous raconta, et que je préfère emprunter la relation officielle que M. de Gourbillon fit de la catastrophe dont il fut témoin oculaire. Peut-être le récit a-t-il un peu vieilli dans sa forme; mais j'aime mieux le laisser tel qu'il est que d'y faire aucun changement qui pourrait donner lieu à l'accusation d'avoir altéré en rien la vérité.

« Le 4 février 1783, au sud-ouest du village de San-Lucido (1), étaient situés le lac et la montagne de Saint-Jean; le 5, le lac et la montagne disparurent; une plaine marécageuse prit leur place, et le lac se trouva reporté plus à l'ouest, entre la rivière Cacacieri et le site qu'il avait précédemment occupé. Un second lac fut formé le même jour entre la rivière d'Aqua-Bianca et le bras supérieur de la rivière d'Aqua di Pesce. Tout le terrain qui aboutit à la rivière Leone et qui longe celle de Torbido fut également rempli de marais et de petits étangs.

(1) Celui-là même où nous attendait notre speronare.

" La belle église de la Trinité à Mileto (1), l'une des plus anciennes villes des deux Calabres, s'engouffra tout à coup, le 5 février, de manière à ne plus laisser apercevoir que l'extrémité de la flèche du clocher. Un fait plus inouï encore, c'est que tout ce vaste édifice s'enfonça dans la terre sans qu'aucune de ses parties parût avoir souffert le moindre déplacement.

" De profonds abîmes s'ouvrirent sur toute l'étendue de la route tracée sur le mont Laké, route qui conduit au village d'Iérocrane.

" Le père Agace, supérieur d'un couvent de carmes dans ce dernier village, était sur cette route au moment d'une des fortes secousses : la terre vacillante s'ouvrit bientôt sous lui; les crevasses s'entr'ouvraient et se refermaient avec un bruit et une rapidité remarquables. L'infortuné moine, cédant à une terreur fort naturelle sans doute, se livre ma-

(1) Mileto est situé à quatre milles à peu près de Monteleone : c'est la même ville où nous avions vu en passant un tombeau antique.

chinalement à la fuite; bientôt l'avide terre le retient par un pied, qu'elle engloutit et qu'elle enferme. La douleur qu'il éprouve, l'épouvante qui le saisit, le tableau affreux qui l'entoure l'ont à peine privé de ses sens, qu'une violente secousse le rappelle à lui : l'abîme qui le retient s'ouvre, et la cause de sa captivité devient celle de sa délivrance.

» Trois habitants de Seriano, Vincent Greco, Paul Feglia et Michel Roviti, parcouraient les environs de cette ville pour visiter le site où onze autres personnes avaient été misérablement englouties la veille; ce lieu était situé au bord de la rivière Charybde. Surpris eux-mêmes par un nouveau tremblement de terre, les deux premiers parviennent à s'échapper : Roviti seul est moins heureux que les autres; il tombe la face contre la terre, et la terre s'affaisse sous lui; tantôt elle l'attire dans son sein, et tantôt elle le vomit au dehors. A demi submergé dans les eaux fangeuses d'un terrain devenu tout à coup aquatique, le malheureux est long-temps ballotté par les flots terraqués, qui enfin le jettent à une grande distance horriblement meurtri, mais encore respirant. Le fusil qu'il portait fut huit jours après retrouvé près du nouveau lit que la Charybde s'était tracé.

» Dans une maison de la même ville, qui, comme toutes les autres maisons, avait été détruite de fond en comble, un bouge contenant deux porcs résista seul à la ruine commune. Trente-deux jours après le tremblement de terre, leur retraite fut découverte au milieu des décombres, et, au grand étonnement des ouvriers, les deux animaux apparurent sur le seuil protecteur; pendant ces trente-deux jours, ils n'avaient pris aucun aliment quelconque, et l'air indispensable même à leur existence n'avait pu passer qu'au travers de quelques fissures imperceptibles : ces animaux étaient vacillants sur leurs jambes et d'une maigreur remarquable. Ils rejetèrent d'abord toute espèce de nourriture, et se jetèrent si avidement sur l'eau qui leur fut présentée qu'on eût dit qu'ils craignaient d'en être encore privés. Quarante jours après, ils étaient redevenus aussi gras qu'avant la ca tastrophe dans laquelle ils avaient manqué périr. On les tua tous deux, quoique, en considération du rôle qu'ils avaient joué dans cette grande tragédie, ils eussent peut-être dû avoir la vie sauve.

» Sur le penchant d'une montagne qui mène ou plutôt qui menait à la petite ville d'Acena, un précipice immense et escarpé s'entr'ouvrit tout à coup sur la totalité de la route de Saint-Étienne-du-Bois à cette même ville. Un fait très-remarquable et qui eût suffi partout ailleurs pour changer les plans ordinaires de construction des bâtiments publics dans un pays qui, comme celui-ci, est incessamment exposé aux tremblements de terre, c'est qu'au milieu du bouleversement général trois vieilles maisons de figure pyramidale furent les seuls édifices qui demeurèrent sur pied. La montagne est maintenant une plaine.

» Les ruines du bourg de Cavida et celles des deux villages de Saint-Pierre et Crepoli présentent un fait tout aussi remarquable : le sol de ces trois différents lieux est aujourd'hui fort au-dessous de son ancien niveau.

» Sur toute l'étendue du pays ravagé par le tremblement de terre on remarqua, sans pouvoir cependant s'en expliquer la cause, des espèces de cercles empreints sur le terrain. Ces cercles étaient généralement de la grandeur de la petite roue d'un carrosse; ils étaient creusés en forme de spirale à onze ou seize pouces de profondeur, et n'offraient aucune trace du passage des eaux, qui les avaient formés sans doute, qu'une espèce de tube ou conduit pour ainsi dire imperceptible, souvent même impossible à voir, et qui en occupait ordinairement le centre. Quant à la nature même des eaux en question, jaillies tout à coup du sein de la terre, la vérité se cache dans la foule des conjectures et des différents rapports : les uns prétendent que des eaux bouillantes jaillirent du milieu de ses crevasses, et citent plusieurs habitants qui portent encore les marques des brûlures qu'elles leur ont faites; d'autres nient que cela soit vrai, et soutiennent que les eaux étaient froides au contraire et tellement imprégnées d'une odeur sulfureuse que l'air même en fut long-temps infecté ; enfin, quelques-uns démentent l'une et l'autre assertion, et ne voient dans ces eaux que des eaux ordinaires de rivière et de source. Au reste, ces différents rapports peuvent être également vrais, eu égard aux lieux où ces différentes observations furent faites, puisque le sol de la Calabre renferme effectivement ces trois différentes espèces d'eaux.

» La ville de Rosarno fut entièrement détruite ; la rivière qui la traversait présenta un phénomène remarquable. Au moment de la secousse qui renversa la ville, cette rivière, fort grosse et fort rapide en hiver, suspendit tout à coup son cours.

» La route qui allait de cette même ville à San-Fici s'enfonça sous elle-même et devint un précipice affreux. Les rocs les plus escarpés ne résistèrent point au bouleversement de la nature ; ceux qui ne furent pas entièrement renversés sont encore tailladés en tous sens et couverts de larges fissures comme s'ils eussent été coupés à dessein avec un instrument tranchant; quelques-uns sont pour ainsi dire découpés à jour depuis leur base jusqu'à leur cime, et présentent à l'œil étonné comme autant d'espèces de ruelles qui seraient creusées par l'art dans l'épaisseur de la montagne.

» A Polystène, deux femmes étaient dans la même chambre au moment où la maison s'affaissa : ces deux femmes étaient mères; l'une avait auprès d'elle un enfant de trois ans, l'autre allaitait encore le sien.

» Long-temps après, c'est-à-dire quand la consternation et la ruine générale permirent de fouiller dans les décombres, les cadavres de ces deux femmes furent trouvés dans une seule et même attitude; toutes deux étaient à genoux courbées sur leurs enfants tendrement serrés dans leurs bras, et le sein qui les protégeait les écrasa tous deux sans les séparer de lui.

» Ces quatre cadavres ne furent déterrés que le 11 mars suivant, c'est-à-dire trente-quatre jours après l'événement. Ceux des deux mères étaient couverts de taches livides ; ceux des deux enfants étaient de véritables squelettes.

» Plus heureuse que ces deux mères, une vieille fut retirée au bout de sept jours de dessous les ruines de sa maison ; on la trouva évanouie et presque mourante. L'éclat du jour la frappa péniblement : elle refusa d'abord toute espèce de nourriture, et ne soupirait qu'après l'eau. Interrogée sur ce qu'elle avait éprouvé, elle dit que pendant plusieurs jours la soif avait été son tourment le plus cruel ; ensuite elle était tombée dans un état de stupeur et d'insensibilité total, état qui ne lui permettait pas de se rappeler ce qu'elle avait éprouvé, pensé ou senti.

» Une délivrance plus extraordinaire encore est celle d'un chat retrouvé après quarante jours sous les ruines de la maison de don Michel-Ange Pillogallo ; le pauvre animal fut retrouvé étendu sur le sol dans un état d'abattement et de calme. Ainsi que les cochons dont j'ai parlé plus haut, il était d'une maigreur extrême, vacillant sur les pattes, timide, craintif, et entièrement privé de sa vivacité habituelle. On remarqua en lui le même dégoût d'aliments et la même propension pour toute espèce de breuvage. Il reprit peu à peu ses forces, et dès qu'il put reconnaître la voix de son maître, il miaula faiblement à ses pieds, comme pour exprimer le plaisir qu'il avait de le revoir.

» La petite ville des *Cinque-Fronti*, ainsi appelée des cinq tours qui s'élevaient en dehors de ses murs, fut également détruite en entier : église, maisons, places, rues, hommes, animaux, tout périt, tout disparut, tout fut plongé subitement à plusieurs pieds sous terre.

» L'ancienne Tauranium, aujourd'hui Terra-Nova, réunit sur elle seule tous les désastres communs.

» Le 5 février, à midi, le ciel se couvrit tout à coup de nuages épais et obscurs qui planaient lentement sur la ville, et qu'un fort vent de nord-ouest eut bientôt dissipés. Les oiseaux parurent voler çà et là comme égarés dans leur route; les animaux domestiques furent frappés d'une agitation remarquable; les uns prenaient la fuite, les autres demeuraient immobiles à leur place et comme frappés d'une secrète terreur. Les chevaux hennissaient et tremblaient sur leurs jambes, les écartaient l'une de l'autre pour s'empêcher de tomber; les chiens et les chats, recourbés sur eux-mêmes, se blottissaient aux pieds de leurs maîtres. Tant de tristes présages, tant de signes extraordinaires auraient dû éveiller les soupçons et la crainte dans l'âme des malheureux habitants et les porter à prendre la fuite; leur destinée en ordonna autrement : chacun resta chez soi sans éviter ni prévoir le danger. En un clin d'œil la terre, encore tranquille, vacilla sur sa base; un sourd et long murmure parut sortir de ses entrailles; bientôt ce murmure devint un bruit horrible : trois fois la ville fut soulevée fort au-dessus de son niveau ordinaire, trois fois elle fut entraînée à plusieurs pieds au-dessous; à la quatrième, elle n'existait plus.

» Sa destruction n'avait point été uniforme, et d'étranges épisodes signalèrent cet événement. Quelques-uns des quartiers de la ville furent subitement arrachés à leur situation naturelle; soulevés avec le sol qui leur servait de base, les uns furent lancés jusque sur les bords du Soli et du Marro, qui baignaient les murs de la ville, ceux-là à trois cents pas, ceux-ci à six cents de distance; d'autres furent jetés çà et là sur la pente de la montagne qui dominait la ville, et sur laquelle celle-ci était construite. Un bruit plus fort que celui du tonnerre, et qui, à de courts intervalles, laissait à peine entendre des gémissements sourds et confus; des nuages épais et noirâtres qui s'élevaient du milieu des ruines, tel fut l'effet général de ce vaste chaos, où la terre et la pierre, l'eau et le feu, l'homme et la brute, furent jetés pêle-mêle ensemble, confondus et broyés.

» Un petit nombre de victimes échappa cependant à la mort; et ce qu'il y a de plus étrange, c'est que cette même nature, qui semblait si avide du sang de tous, sauva ceux-ci de sa propre rage par des moyens si inouïs et si forts, qu'on eût dit qu'elle voulait prouver à notre orgueil le peu de cas qu'elle faisait de la vie et de la mort de l'hommée.

» La ville de Terra-Nova fut détruite par le quadruple genre de tremblement de terre connu sous les différentes dénominations de secousses, d'*oscillation*, d'*élévation*, de *dépression* et de *bondissement*. Ce dernier genre, le plus horrible comme le plus inouï de tous, consiste non-seulement dans le changement de situation des parties constituantes d'un corps, mais aussi dans cette espèce de mouvement de projection qui élance une de ces mêmes parties vers un lieu différent de celui qu'elle occupe. Les ruines de cette malheureuse ville offrent encore tant d'exemples de ce genre, que l'esprit le plus incrédule serait forcé d'en reconnaître l'existence : j'en rapporterai ici quelques-uns.

» La totalité des maisons situées au bord de la plate-forme de la montagne, toutes celles qui formaient les rues aboutissantes aux ports dits du Vent et de Saint-Sébastien, tous ces édifices, dis-je, les uns à demi détruits déjà, les autres sans aucun dommage remarquable, furent arrachés de leur site naturel et jetés soit sur le penchant de la montagne, soit aux bords du Soli et du Marro, soit enfin au delà de cette première rivière. Cet événement inouï donna lieu à la cause la plus étrange sur laquelle un tribunal ait jamais eu à prononcer.

» Après cette étrange mutation de lieux, le propriétaire d'un enclos planté d'oliviers, naguère situé au bas de la plate-forme en question, reconnut que son enclos et ses arbres avaient été transportés au delà du Soli sur un terrain jadis planté de mûriers, terrain alors disparu et qui appartenait auparavant à un autre habitant de Terra-Nova. Sur la réclamation qu'il fait de sa propriété, celui-ci appuie le refus de la rendre sur ce que l'enclos en question avait pris la place de son propre terrain et l'en avait conséquemment privé. Cette question, aussi nouvelle que difficile à résoudre, en ce que rien ne pouvait prouver en effet que la disparition du sol inférieur n'eût pas été l'effet immédiat de la chute et de la prise de possession du sol supérieur, cette question ne pouvait, comme on le comprend, être prouvée que par un accommodement mutuel. Des arbitres furent nommés, et le propriétaire du terrain usurpateur fut tenu de partager les olives avec le maître du terrain usurpé.

» Dans la rue dont il a été parlé plus haut était une auberge située à environ trois cents pas de la rivière Soli; un moment avant la secousse formidable, l'hôte, nommé Jean Agiulino, sa femme, une de leurs nièces et quatre voyageurs se trouvaient réunis dans une salle par bas de l'auberge. Au fond de cette salle était un lit, au pied de ce lit un brasero, espèce de grand vase qui contient de la braise enflammée, seule et unique cheminée de toute l'Italie méridionale; enfin, autour de la salle, étaient une table, des chaises et quelques autres meubles à l'usage de la famille. L'hôte était couché sur le lit et plongé dans un profond sommeil; sa femme, assise devant le brasero et les pieds appuyés sur sa base, soutenait dans ses bras sa jeune nièce, qui jouait avec elle. Quant aux voyageurs, placés autour d'une table à la gauche de la porte d'entrée, ils faisaient une partie de cartes.

» Telles étaient les diverses attitudes des personnages et la disposition même de la scène, lorsqu'en moins de temps qu'il n'en faut pour le dire le théâtre et les acteurs eurent changé de place. Une secousse violente arrache la maison du sol qui lui sert de base, et la maison, l'hôte, l'hôtesse, la nièce et les voyageurs sont jetés tout à coup au delà de la rivière; un abîme paraît à leur place.

» A peine cet énorme amas de terre, de pierres, de matériaux et d'hommes tombèrent-ils de l'autre côté de la rivière, qu'il se creuse de nouveaux fondements, et le bâtiment même n'est plus qu'un mélange confus de ruines. La destruction de la salle principale offrit des particularités remarquables : le mur contre lequel le lit était placé s'écroula vers la partie extérieure; celui qui touchait à la porte placée en face du même lit plia d'abord sur lui-même dans l'intérieur et dans la salle, puis tomba comme l'autre en dehors. Le même effet fut produit par les murailles à l'angle desquelles étaient placés nos quatre joueurs, qui déjà ne jouaient plus : le toit fut enlevé comme par enchantement et jeté à une plus grande distance que la maison même.

» Une fois établie sur son nouveau site et entièrement dégagée de tous les décombres qui en cachaient l'effet, la machine ambulante présenta à la fois une scène curieuse et horrible. Le lit était à la même place et s'était effondré sur lui-même; l'hôte s'était réveillé et croyait dormir encore. Pendant cet étrange voyage, qu'elle ne soupçonnait pas elle-même, sa femme, imaginant seulement que le brasero glissait sous ses pieds, s'était baissée pour le retenir, et cette action avait sans doute été la seule et unique cause de sa chute sur le plancher; mais dès qu'elle se fut relevée, dès qu'elle aperçut par l'ouverture de la porte des objets et des sites nouveaux, elle crut rêver elle-même, et faillit devenir folle. Quant à la nièce, abandonnée par sa tante au moment où celle-ci se baissait, elle courut éperdue vers la porte, qui, tombant au moment où elle en touchait le seuil, l'écrasa dans sa chute. Il en était de même des quatre voyageurs : avant qu'ils eussent eu le temps de se lever de leur place, ils étaient tués.

» Cent témoins oculaires de cette catastrophe inouïe existent encore au moment où j'écris; le procès-verbal, d'où est tiré ce récit, fut dressé, quelque temps après, sur les lieux, et appuyé des déclarations de l'hôte et de sa femme, qui sans doute vivent encore.

» Les effets inouïs du tremblement de terre par bondissement ne se font pas sentir aux seuls édifices; les phénomènes qu'ils produisent à l'égard des hommes mêmes ne sont ni moins forts ni moins étonnants; et ce qu'il y a de plus étrange, c'est que cette particularité qui, en toute autre circonstance, est la cause immédiate de la perte des habitations et des hommes, devient parfois aussi la source du salut des unes et des autres.

» Un médecin de cette ville, M. Labbe-Tarverna, habitait une maison à deux étages, située dans la rue principale, près le couvent de Sainte-Catherine. Cette maison commença par trembler; elle vacilla ensuite; puis les murs, les toits, les planchers s'élevèrent, s'abaissèrent, et enfin furent jetés hors de leur place naturelle. Le médecin, ne pouvant plus se tenir debout, veut fuir et tombe comme évanoui sur le plancher. Au milieu du bouleversement général, il cherche en vain la force nécessaire pour observer ce qui se passe autour de lui; tout ce dont il se rappelle ensuite, c'est qu'il tomba la tête la première dans l'abîme qui s'ouvrit sous lui, lorsqu'il resta suspendu les cuisses prises entre deux poutres. Tout à coup, au moment où, couvert des décombres de sa maison en ruines, il est près d'être étouffé par la poussière qui tombe de toute part sur lui, une oscillation contraire à celle dont il est la victime, écartant les deux poutres qui l'arrêtent, les élève à une grande hauteur et les jette avec lui dans une large crevasse formée par les décombres entassés devant la maison. L'infortuné médecin en fut quitte toutefois pour de violentes contusions et une terreur facile à concevoir.

» Une autre maison de la même ville fut le théâtre d'une scène plus touchante, plus tragique encore, et qui, grâce à la même circonstance, n'eut pas une fin plus funeste.

» Don François Zappia et toute sa famille furent comme emprisonnés dans l'angle d'une des pièces de cette maison, par suite de la chute soudaine des plafonds et des poutres; l'étroite enceinte qui protégeait encore leurs jours était entourée de manière qu'il devenait aussi impossible d'y respirer l'air nécessaire à la vie que d'en forcer les murs artificiels : la mort et une mort aussi lente qu'affreuse fut donc, pendant quelque temps, l'unique espoir de cette famille. Déjà chacun l'attendait avec impatience comme le seul remède à ses maux, quand, tout à coup, l'événement le plus heureux comme le plus inespéré met fin à cette situation affreuse; une violente secousse rompt les murs de leur prison, et, les soulevant avec elle, les lance à la fois au dehors; aucun d'eux ne perdit la vie.

» Les arbres les plus forts ne furent point exempts de cette migration étrange : l'exemple suivant en fait foi. Un habitant du bourg de Molochiello, nommé Antoine Avati, surpris par le tremblement de terre aux environs de cette même ville, se réfugie sur un châtaignier d'une hauteur et d'une grosseur remarquables; à peine s'y est-il établi, que l'arbre est violemment agité. Tout à coup, arraché du sol qui couvre ses énormes racines, l'arbre est jeté à deux ou trois cents pas de distance, où il se creuse un nouveau lit, tandis qu'attaché fortement à ses branches, le pauvre paysan voyage avec lui dans les airs, et avec lui voit enfin le terme de son voyage.

» Un autre fait à peu près semblable existe, et, bien que se rattachant à une autre époque, mérite cependant d'être ajouté aux exemples précédemment cités des tremblements de terre par bondissement : ce fait se trouve rapporté dans une vieille relation de 1659. Le P. Thomas de Rossano, de l'ordre des Dominicains, dormait tranquillement dans l'intérieur du couvent à Soriano. Tout à coup le lit et le moine sont lancés par la fenêtre au milieu de la rivière Vesco. Le plancher suit heureusement le même chemin que le lit et le dormeur, et devient le radeau qui les sauve. L'historien ne dit pas si le moine se réveilla en route.

» La ville de Casalnovo ne fut pas plus épargnée que celle de Terra-Nova : églises, monuments publics, maisons particulières, tout fut également détruit. Parmi la foule des victimes, on peut citer la princesse de Garane, dont le cadavre fut retiré du milieu des ruines, portant encore la trace de deux larges blessures.

» La ville d'Oppido, qui, s'il faut en croire le géographe Cluverius, serait l'ancienne Mamertium, cette ville, dis-je, eut le sort de toutes les jolies femmes : objet d'envie dans leur jeunesse, de dégoût dans leur décrépitude, d'horreur après leur mort.

» Je n'entreprendrai point de peindre ici les ruines et les pertes de tout genre dont ce triste lieu fut la scène; je me borne à remarquer que tel fut l'état de confusion où ce terrible fléau jeta ici les monuments et les hommes, que le spectacle seul de tant de ruines et de maux serait lui-même un mal terrible; et qu'enfin tel fut l'état déplorable de cette malheureuse ville, que parmi le très-petit nombre de victimes échappées à la mort commune, il ne s'en trouva pas une qui pût parvenir, par la suite, à reconnaître les ruines de sa propre maison dans les ruines de la maison d'un autre. J'en prends au hasard un exemple.

» Deux frères, don Marcel et don Dominique Quillo, riches habitants de cette ville, avaient une fort belle propriété, située à l'un des bouts de la rue Canna-Maria, c'est-à-dire hors de la ville. Cette propriété comprenait plusieurs bâtiments, tels entre autres qu'une maison composée de sept pièces, d'une chapelle et d'une cuisine, le tout au premier étage. Le rez-de-chaussée formait trois grandes caves; au-dessous, un vaste magasin contenait alors quatre-vingts tonnes d'huile : attenantes à cette même maison étaient quatre autres petites maisons de campagne appartenant à d'autres habitants; un peu plus loin une espèce de pavillon destiné à servir de refuge aux maîtres et aux domestiques pendant les tremblements de terre ; ce pavillon contenait six pièces élégamment meublées. Plus loin, enfin, se trouvait une autre maisonnette avec une seule chambre à coucher, et un salon d'une longueur immense sur une largeur proportionnée.

» Telle était encore, avant l'époque du 5 février, la situation des lieux en question. Au moment même de la secousse, toute espèce de vestiges de tant de différentes maisons, de tant de matériaux, de meubles d'utilité, de luxe et d'élégance, tout avait disparu ; tout jusqu'au sol même avait tellement changé d'aspect et de place, tout s'était effacé tellement et du site et de la mémoire des hommes, qu'aucun de ces propriétaires ne put reconnaître, après la catastrophe, ni les ruines de sa maison, ni l'emplacement où elle avait existé.

» L'histoire des désastres de Sitizzano et Cusoletto offre les deux faits suivants :

» Un voyageur fut surpris par le tremblement de terre, qui, en changeant la situation des rochers, des montagnes, des vallons et des plaines, avait nécessairement effacé toute trace de chemin. On sait que dans la matinée du 5 il était parti à cheval pour se rendre de Cusoletto à Sitizzano. Ce fut tout ce qu'on en put savoir, l'homme ni le cheval ne reparurent plus.

» Une jeune paysanne, nommée Catherine Polystène, sortait de cette première ville pour rejoindre son père qui travaillait dans les champs. Surprise par ce grand bouleversement de la nature, la jeune fille cherche un refuge sur la pente d'une colline qui vient de sortir, à ses yeux, de la terre convulsive, et qui, de tous les objets qui l'entourent, est le seul qui ne change point et ne bondisse point à ses yeux. Tout à coup, au milieu du morne silence qui succède par intervalles au bruissement sourd des éléments confondus, la voix d'un être vivant s'élève et parvient jusqu'à elle. Cette voix est celle d'une chèvre plaintive, perdue, égarée; cette voix ranime le courage de la jeune fille : le pauvre animal fuyait lui-même devant la mort parmi les terres, les rochers et les arbres soulevés, fendus ou fracassés. A peine la chèvre aperçoit-elle Catherine, qu'elle accourt vers elle en bêlant; le malheur réunit les êtres, il efface jusqu'aux signes apparents des espèces, et, rapprochant l'homme de la brute, il les arme à la fois contre lui du secours de la raison et de l'instinct. La chèvre, déjà moins craintive à la vue de la jeune villageoise, s'approche d'elle; celle-ci, de son côté, reprend, à sa vue, un peu plus de courage; l'animal reçoit avec joie les caresses, puis il flaire en bêlant la gourde que la jeune fille tient à la main : ce langage est expressif, et la jeune fille le comprend. Elle verse de l'eau dans le creux de sa main et donne à boire à la chèvre altérée, puis elle partage avec elle la moitié de son pain bis; et, le repas fini, toutes deux plus fortes, toutes deux plus confiantes, toutes deux se remettent en route, la chèvre marchant devant comme un guide protecteur; toutes deux errent long-temps parmi les ruines de la nature sans but déterminé, gravissant les rocs les plus escarpés, se frayant un passage dans les voies les plus difficiles, la chèvre s'arrêtant chaque fois que la fatigue a retenu la jeune fille loin d'elle, et lui permettant de la rejoindre, ou la guidant par ses bêlements. Enfin, toutes deux, après plusieurs heures de marche, se trouvent au milieu des ruines, ou plutôt sur le sol bouleversé et nu de la ville qui a cessé d'être.

» La petite ville de Seido fut également détruite et devint aussi le théâtre des plus affreux événements.

» Menacés de la chute de leur maison vacillante, don Antoine Ruffo et sa femme s'oublient eux-mêmes pour ne songer qu'à leur enfant, jeune fille en bas âge : ils se précipitent vers son berceau, la pressent contre leur poitrine, et essaient de fuir avec elle hors de la maison prête à s'écrouler sur eux. Au milieu d'une foule de décombres, ils gagnent la porte; mais au moment où ils en touchent le seuil, la maison tombe et les écrase. Quelques jours après, en fouillant dans les ruines pour en retirer les cadavres, on reconnut que l'enfant n'était pas encore morte. Ce ne fut qu'avec peine qu'on l'arracha d'entre les bras de son père et de sa mère, qui s'étaient réunis pour la protéger et qui, effectivement, en s'offrant eux-mêmes aux coups, lui avaient sauvé la vie. Cette jeune fille vit encore, et aujourd'hui elle est mariée et a des enfants.

» Au centre d'un petit canton nommé la Conturella, non loin du village de Saint-Procope, s'élevait une vieille tour fermée d'un grillage en bois; toute la partie supérieure de la tour tomba d'aplomb sur le terrain. Mais quant aux fondements, d'abord soulevés, puis renversés sur eux-mêmes, ils furent jetés à plus de soixante pas de là. La porte s'en alla tomber à une grande distance; et ce qu'il y a de plus remarquable, c'est que les gonds sur lesquels elle tournait, les clous qui réunissaient les poutres et les planches, furent parsemés çà et là sur le terrain comme s'ils eussent été arrachés avec de fortes tenailles. Que les physiciens expliquent s'ils peuvent ce phénomène.

» Une autre ville, nommée Seminara, fut

un exemple bien frappant de l'insuffisance de toutes les précautions de l'homme contre la force des éléments qu'il croit dompter et qui le domptent. Toutes les maisons de cette ville, une des plus opulentes des deux Calabres, étaient construites en bois; les murailles intérieures étaient faites de joncs fortement réunis et recouvertes d'une couche de mastic ou de plâtre, qui, sans rien ôter à l'élégance, donnait juste une solidité suffisante à la sûreté des habitants. Cette espèce de construction semblait donc devoir être le moyen le plus propre à les garantir des périls du tremblement de terre, parce qu'il n'opposait aux oscillations du sol que la force strictement nécessaire pour résister en cédant. Inutile calcul de l'homme contre un pouvoir incalculable! la terre s'agita, et Seminara ne fut plus. On eût même dit que la nature se plut ici à varier ses horribles jeux : la partie montagneuse devint une vallée profonde, et le quartier le plus bas forma une haute montagne au milieu des murs de la ville.

» A la porte d'une des maisons de cette

ville, était placée une meule de moulin; au centre de cette meule, le hasard avait fait croître un énorme oranger. Les maîtres de la maison avaient coutume de venir s'asseoir en été dans ce lieu, et la meule en question, soutenue par un fort pilier de pierre, était entourée par un banc semblable. Au moment de la secousse du 5 février, les branches de l'oranger devinrent le refuge d'un homme qui, fuyant épouvanté, s'y blottit; le pilier, la meule, le banc, l'arbre et l'homme furent soulevés et portés ensemble à un tiers de lieue au delà.

» La destruction de Bagnara présente au philosophe et au naturaliste des faits moins merveilleux peut-être, mais non moins intéressants : pendant le cours des commotions de la terre, toutes les sources et toutes les fontaines de la ville furent subitement desséchées; les animaux les plus sauvages furent frappés d'une si grande terreur, qu'un sanglier, échappé de la forêt qui dominait la ville, se précipita volontairement du haut d'un roc escarpé au milieu de la voie publique. Enfin on remarqua que, par un choix sans doute inexplicable, la nature se plut à frapper surtout les femmes, et parmi les femmes toutes les jeunes ; les vieilles seules furent sauvées et survécurent à cette catastrophe.

» Tels sont les traits principaux de l'événement, telle fut la situation des victimes, telle est la destruction fatale qui atteignit les Calabres ; tel est enfin, au bout de trente-cinq années de calme, l'état où le pays se trouve encore aujourd'hui (1). »

Sans que le village de Castiglione eût été le théâtre d'événements aussi extraordinaires que ceux que nous venons de raconter, les accidents en étaient cependant assez déplorables et assez variés pour que notre journée s'écoulât rapidement au milieu de cette malheureuse population. Après avoir vu retirer de dessous les décombres deux ou trois cadavres d'hommes et une douzaine de bœufs ou

---

(1) M. de Gourbillon écrivait son voyage en Calabre vers 1818.

de chevaux tués ou blessés, après avoir nous-mêmes pris part aux fouilles pour relayer les bras fatigués, nous quittâmes vers les cinq heures le village de Castiglione, qui, comme Cosenza, avait sa succursale de baraques; seulement les baraques des luxueux habitants de la capitale étaient des palais près de celles de ces malheureux paysans, dont quelques-uns étaient entièrement ruinés.

Il avait plu toute la journée sans que nous y fissions autrement attention, tant nous étions préoccupés du spectacle que nous avions sous les yeux; mais au retour, force nous fut bien de revenir de l'impression morale aux sensations physiques : les moindres ruisseaux étaient devenus des torrents, et les torrents s'étaient changés en rivières. Au premier obstacle de ce genre que nous rencontrâmes, nous tranchâmes des sybarites, et nous acceptâmes la proposition que nous fit notre guide, moyennant rétribution, bien entendu, de nous transporter d'un bord à l'autre sur ses épaules; en conséquence, je traversai le premier et gagnai le bord sans

17.

accident. Mais comme j'étais occupé à explorer le paysage pour voir s'il nous restait beaucoup de passages pareils à franchir, j'entendis un cri, et je vis Jadin qui, au lieu d'être porté comme moi sur les épaules de notre guide, était occupé avec grande peine à le tirer de l'eau : en retournant à lui, le pied avait manqué au pauvre diable, et la violence du courant était telle qu'il s'en allait roulant Dieu sait où, lorsque Jadin s'était mis à l'eau jusqu'à la ceinture et l'avait arrêté. Je courus à lui pour lui prêter main forte, et nous parvînmes enfin à amener notre guide à moitié évanoui sur l'autre bord.

A partir de ce moment, il ne fut plus question, comme on le comprend bien, d'employer ce défectueux système de locomotion. D'ailleurs, comme nous étions mouillés par l'eau du torrent depuis les pieds jusqu'à la ceinture, et par l'eau du ciel, qui nous était tombée sur le dos toute la journée, depuis la ceinture jusqu'à la pointe de nos cheveux, il n'y avait plus de précaution à prendre que contre l'accident qui venait d'arriver à notre guide. En conséquence, quand de nouvelles rivières se présentèrent, nous nous contentâmes de les traverser fraternellement, chacun de nous prêtant et recevant appui au moyen de nos mouchoirs liés à notre poignet et dont nous fîmes une chaîne. Moyennant cette ingénieuse invention, nous arrivâmes à notre voiture sans accident grave, mais trempés comme des caniches.

On comprend qu'en arrivant à l'hôtel nous éprouvâmes plus que jamais le besoin de nos lits : aussi refusâmes-nous l'offre réitérée de notre hôte de nous en aller coucher aux baraques, et bravâmes-nous encore le futur tremblement de terre qui nous menaçait de minuit à une heure du matin.

Notre courage fut récompensé : nous ne sentîmes aucune secousse, nous n'entendîmes même pas les cris de Terremoto, et nous nous réveillâmes seulement le lendemain matin, tirés de notre sommeil par le son des cloches.

Nos lits avaient fait leurs évolutions ordinaires et se trouvaient au milieu de la chambre.

Comme je l'ai dit, il devait y avoir à Cosenza, deux jours après le prêche si pittoresque et si animé du capucin, une procession expiatoire dans le cas où les tremblements de terre n'auraient pas cessé : les tremblements de terre allaient diminuant, il est vrai, mais ils ne s'arrêtaient pas encore ; et les capucins qui s'étaient faits les boucs émissaires de la ville pécheresse s'apprêtaient à tenir leur parole.

Aussi, dès sept heures du matin, les cloches sonnaient-elles à grande volée et les rues de la ville étaient-elles peuplées non-seulement de Cosentins, mais encore des malheureux paysans des provinces environnantes, qui avaient encore plus souffert que la capitale : chacun accourait pour prendre part à cette espèce de jubilé, et de tous les villages on avait eu le temps d'arriver ; la promesse faite par les capucins avait attiré des fidèles.

Comme le garçon, préoccupé de ces grands préparatifs, ne venait pas prendre nos ordres, nous sonnâmes : il monta, et nous lui demandâmes s'il avait oublié que nous avions pris l'invariable habitude de déjeuner à neuf heures sonnantes. Il nous répondit que comme il y avait jeûne général dans la capitale des Calabres, il n'avait pas cru que les ordres donnés pour les autres jours dussent subsister pour celui-ci. La raison ne nous parut pas extrêmement logique, et nous lui signifiâmes que, n'étant pas de la paroisse et ayant assez de nos propres péchés, notre intention n'était nullement de prendre notre part de ceux des Cosentins; qu'en conséquence nous l'invitions à ne faire aucune différence pour nous de ce jour aux autres jours, et à nous servir un déjeuner, non pas exorbitant, mais convenable.

Ce fut une grande affaire à débattre que ce déjeuner: le cuisinier était allé faire ses dévotions, et il fallait attendre qu'il fût revenu; à son retour il prétendit que, momentanément détaché des choses de la terre par la contrition parfaite qu'il venait d'éprouver, il aurait grand'peine à redescendre jusqu'à ses fourneaux. Quelques carlins levèrent ses scrupules, et à dix heures, au lieu de neuf heures, la table enfin fut servie.

Nous mangeâmes en toute hâte, car nous ne voulions rien perdre du spectacle curieux et caractéristique qui nous attendait. Un redoublement de sonnerie nous annonça qu'il allait commencer. Nous mîmes les morceaux doubles et, le dernier à la main, nous courûmes vers l'église des Capucins.

Toutes les rues étaient encombrées d'hommes et de femmes en habits de fête, au milieu desquels un simple passage était ménagé pour la confrérie; ne pouvant et ne voulant pas nous mettre au premier rang, nous montâmes sur des bornes et nous attendîmes.

A onze heures précises l'église s'ouvrit : elle était illuminée comme pour les grandes solennités. Le prieur de la communauté parut le premier : il était nu jusqu'à la ceinture, ainsi que tous les frères; ils marchaient un à un, chacun tenant de la main droite une corde garnie de nœuds; tous chantant le *Miserere*.

A leur aspect une grande rumeur s'éleva parmi la foule : elle se composait d'exclamations de douleur, d'élans de contrition et de murmures de reconnaissance; d'ailleurs il y avait des pères, des mères, des frères et des sœurs, qui reconnaissaient leurs parents au milieu de ces trente ou quarante moines, et qui les saluaient d'un cri de famille, si cela se peut dire ainsi.

Mais ce fut bien pis lorsqu'à peine descendus des degrés de l'église, on les vit tous lever la corde noueuse qu'ils tenaient à la main droite et frapper, sans interrompre leurs chants, chacun sur les épaules de celui qui le précédait, et cela non point avec un simulacre de flagellation, mais à tour de bras et autant que chacun avait de force. Alors les cris, les clameurs et les gémissements redoublèrent; les assistants tombèrent à genoux, frappant la terre du front, et se meurtrissant la poitrine à coups de poing; les hommes hurlaient, les femmes poussaient des sanglots, et, non contentes de s'imposer pénitence à elles-mêmes, fouettaient à tour de bras les malheureux enfants qui étaient accourus comme on va à une fête, et qui de cette façon payaient leur contingent d'expiation pour les péchés que leurs parents avaient commis. C'était une flagellation universelle qui s'étendait de proche en proche, qui se communiquait d'une façon presque électrique, et dans laquelle nous eûmes toutes les peines du monde à empêcher nos voisins de nous faire jouer à la fois un rôle passif et actif. La procession passa ainsi devant nous en marchant au pas, chantant toujours et fouettant sans relâche : nous reconnûmes le prédicateur du dimanche précédent qui remplissait, les yeux levés au ciel, son office de battant et de battu; seulement, à sa recommandation sans doute, celui qui le suivait et qui par conséquent frappait sur lui, avait, outre les nœuds généralement adoptés, armé sa corde de gros clous, lesquels, à chaque coup que recevait le malheureux moine, laissaient sur ses épaules une trace sanglante; mais tout cela semblait n'avoir sur lui d'autre influence que de le plonger dans une extase plus profonde : quelle que fût la douleur qu'il dût ressentir, son front ne sourcillait pas et l'on entendait sa voix au-dessus de toutes les autres voix.

Trois fois, en prenant, aussitôt que la procession était passée, notre course par des rues adjacentes, nous nous retrouvâmes sur son nouveau passage ; trois fois, par conséquent, nous assistâmes à ce spectacle ; et chaque fois la foi et la ferveur des flagellants semblaient s'être augmentées ; la plupart d'entre eux avaient le dos et les épaules dans un état déplorable ; quant à notre prédicateur, tout le haut de son corps ne faisait qu'une plaie. Aussi chacun criait-il que c'était un saint homme, et qu'il n'y avait pas de justice s'il n'était canonisé du coup.

La procession ou plutôt le martyre de ces pauvres gens dura trois heures. Sortis à onze heures juste de l'église, ils y rentraient à deux heures sonnantes. Quant à nous, nous étions stupéfaits de voir une foi si ardente dans une époque comme la nôtre. Il est vrai que la chose se passait dans la capitale de la Calabre ; mais la Calabre était demeurée huit ans sous la domination française, et j'aurais cru que huit ans de notre domination, surtout de 1807 à 1815, eussent été plus que suffisants pour sécher la croyance dans ses plus profondes racines.

L'église resta ouverte, chacun put y prier toute la journée, et de toute la journée elle ne désemplit pas. J'avoue que, pour mon compte, j'aurais voulu voir de près ce moine, l'interroger sur sa vie antérieure, le sonder sur ses espérances à venir. Je demandai au Père gardien si je pouvais lui parler, mais on me répondit qu'en rentrant il s'était trouvé mal, et qu'en revenant à lui il s'était enfermé dans sa cellule, et avait prévenu qu'il ne descendrait pas au réfectoire, voulant passer le reste de sa journée en prières.

Nous rentrâmes à l'hôtel vers les quatre heures; nous y retrouvâmes le capitaine, à qui nous demandâmes s'il avait pris part aux dévotions générales; mais le capitaine était trop bon Sicilien pour prier pour des Calabrais. D'ailleurs il prétendit que la masse des péchés qui se commettaient de Pestum à Reggio était si grande, que toutes les communautés religieuses de la terre, se fouettassent-elles pendant un an, n'enlèveraient pas à chaque sujet continental de S. M. le roi de Naples la centième partie du temps qu'il avait à rester en purgatoire.

Comme en restant plus long-temps au milieu de pareils pécheurs nous ne pouvions faire autrement que de finir par nous perdre nous mêmes, nous fixâmes au lendemain matin le moment de notre départ : en conséquence le capitaine partit à l'instant même, afin qu'en arrivant à San-Lucido nous trouvassions notre patente prête et que rien ne retardât notre départ.

Nous employâmes notre soirée à faire une visite au baron Mollo et une promenade aux baraques. Telle est, au reste, en Italie, la puissance de cette loi qu'on appelle l'hospitalité, qu'au milieu des malheurs de la ville qu'il habitait, malheurs dont il avait eu sa bonne part, le baron Mollo ne nous avait pas négligés un seul instant, et s'était montré pour nous le même qu'il eût été dans les temps calmes et heureux.

Je voulus m'assurer par moi-même de l'influence qu'avait eue sur le futur tremblement de terre de la nuit la procession expiatoire de la journée. Jadin désira faire la même expérience. J'avais mes notes à mettre en ordre, et lui ses dessins à achever, car, depuis une quinzaine de jours, nous étions si malheureux dans nos haltes que nous n'avions eu ni l'un ni l'autre le courage de travailler. A minuit, nous prîmes congé du baron Mollo; nous rentrâmes à l'hôtel et, pour mettre à exécution notre projet, nous nous assîmes chacun d'un côté de la table où nous dînions d'habitude, moi avec mon album, lui avec son carton, et une montre entre nous deux pour ne point être surpris par la secousse.

La précaution fut inutile : minuit, une heure, deux heures arrivèrent sans que nous sentissions le moindre mouvement ni que nous entendissions la moindre clameur. Comme deux heures était l'heure extrême, nous présumâmes que nous attendrions vainement, et qu'il n'y aurait rien pour la nuit : en conséquence, nous nous couchâmes, et nous nous endormîmes bientôt dans notre sécurité.

Le lendemain, nous nous réveillâmes à la

même place où nous nous étions couchés, ce qui ne nous était pas encore arrivé. Un instant après, notre hôte, à qui nous avions dit de venir régler son compte avec nous à huit heures, entra tout triomphant et nous annonça que, grâce aux flagellations et aux prières de la veille, les tremblements de terre avaient complétement cessé.

Maintenant le fait est positif : l'explique qui pourra.

CHAPITRE XVII.

RETOUR.

A neuf heures nous prîmes congé avec une profonde reconnaissance de la locanda del Riposo d'Alarico; je ne sais si c'était par comparaison que nous en étions devenus si fanatiques, mais il nous semblait que, malgré les tremblements de terre, auxquels au reste, comme on l'a vu, nous n'avions pris personnellement aucune part, c'était l'endroit de la terre où nous avions trouvé le plus complet repos. Peut-être aussi, au moment de quitter la Calabre, nous rattachions-nous, malgré tout ce que nous y avions souffert, à ces hommes si curieux à étudier dans leur rudesse primitive, et à cette terre si pittoresque à voir dans ses bouleversements éternels. Quoi qu'il en soit, ce ne fut pas sans un vif regret que nous nous éloignâmes de cette bonne ville si hospitalière au milieu de son malheur; et deux fois, après l'avoir perdue de vue, nous revînmes sur nos pas pour lui dire un dernier adieu.

A une lieue de Cosenza à peu près nous quittâmes la grande route pour nous jeter dans un sentier qui traversait la montagne. Le paysage était d'une âpreté terrible, mais en même temps d'un caractère plein de grandeur et de pittoresque. La teinte rougeâtre des roches, leur forme élancée qui leur donnait l'apparence de clochers de granit, les charmantes forêts de châtaigniers que de temps en temps nous rencontrions sur notre route, un soleil pur et riant qui succédait aux orages et aux inondations des jours précédents, tout concourait à nous faire paraître le chemin un des plus heureusement accidentés que nous eussions faits.

Joignez à cela le récit de notre guide, qui nous raconta à cet endroit même une histoire que j'ai déjà publiée sous le titre des *Enfants de la Madone* et qu'on retrouvera dans les *Souvenirs d'Antony*; la vue de deux croix élevées à l'endroit où, l'année précédente, et trois mois auparavant, deux voyageurs avaient été assassinés, et l'on aura une idée de la rapidité avec laquelle s'écoulèrent les trois heures que dura notre course.

En arrivant sur le versant occidental des montagnes, nous nous trouvâmes de nouveau en face de cette magnifique mer Tyrrhénienne tout étincelante comme un miroir, et au milieu de laquelle nous voyions s'élever comme un phare cet éternel Stromboli, que nous n'arrivions jamais à perdre de vue, et que, malgré son air tranquille et la façon toute paterne avec laquelle il poussait sa fumée, je soupçonnai d'être pour quelque chose, avec son aïeul l'Etna et son ami le Vésuve, dans tous les tremblements que la Calabre venait d'éprouver : peut-être me trompais-je ; mais il a tant fait des siennes dans ce genre, qu'il porte les fruits de sa mauvaise réputation.

A nos pieds était San-Lucido, et dans son

port, pareil à un de ces petits navires que les enfants font flotter sur le bassin des Tuileries, nous voyions se balancer notre élégant et gracieux spéronare qui nous attendait.

Une heure après nous étions à bord.

C'était toujours un moment de bien-être suprême quand, après une certaine absence, nous nous retrouvions sur le pont au milieu des braves gens qui composaient notre équipage, et que du pont nous passions dans notre petite cabine si propre, et par conséquent si différente des localités siciliennes et calabraises que nous venions de visiter. Il n'y avait pas jusqu'à Milord qui ne fît une fête désordonnée à son ami Piétro, et qui ne lui racontât, par les gémissements les plus variés et les plus expressifs, toutes les tribulations qu'il avait éprouvées.

Au bout de dix minutes que nous fûmes à bord nous levâmes l'ancre. Le vent, qui venait du sud-est, était excellent aussi : à peine eûmes-nous ouvert nos voiles qu'il emporta notre speronare comme un oiseau de mer.

Alors toute la journée nous rasâmes les côtes, suivant des yeux la Calabre dans toutes les gracieuses sinuosités de ses rivages et dans tous les âpres accidents de ses montagnes. Nous passâmes successivement en revue Cetraro, Belvedere, Diamante, Scalea et le golfe de Policastro; enfin, vers le soir, nous nous trouvâmes à la hauteur du cap Palinure. Nous recommandâmes à Nunzio de faire meilleure garde que le pilote d'Énée, afin de ne pas tomber comme lui à la mer avec son gouvernail, et nous nous endormîmes sur la foi des étoiles.

Le lendemain nous nous éveillâmes à la hauteur du cap Licosa et en vue des ruines de Pestum.

Il était convenu d'avance avec le capitaine que nous prendrions terre une heure ou deux près de ces magnifiques débris; mais au moment de débarquer nous éprouvâmes une double difficulté : la première en ce que l'on nous prit pour des cholériques qui apportions la peste des Grandes-Indes, la seconde en ce qu'on nous soupçonna d'être des contrebandiers chargés de cigares de Corse. Ces deux difficultés furent levées par l'inspection de nos passe-ports visés de Cosenza et par l'exhibition d'une piastre frappée à Naples, et nous pûmes enfin débarquer sur le rivage où Auguste, au dire de Suétone, était débarqué 2000 ans avant nous pour visiter ces fameux temples grecs qui de son temps déjà passaient pour des antiquités.

Un hémistiche de Virgile a illustré Pestum, comme un vers de Properce a flétri Baja. Il n'est point de voyageur qui, à l'aspect de cette grande plaine si chaudement exposée aux rayons du soleil, qui, à la vue de ces beaux temples à la teinte dorée, ne réclame ces champs de roses qui fleurissaient deux fois l'année, et qui n'ouvre les lèvres pour respirer cet air si tiède qui déflorait les jeunes filles avant l'âge de leur puberté. Le voyageur est trompé dans sa double attente : le *Biferique rosaria Pæsti* n'est plus qu'un marais infect et fiévreux, couvert de grandes herbes, dans lequel, au lieu d'une double moisson de roses, on fait une double récolte de poires et de cerises. Quant à l'air antivirginal qu'on y respirait, il n'y a plus de jeunes filles à déflorer; car je n'admets pas que les trois ou quatre bipèdes qui habitent la métairie attenant aux temples aient un sexe quelconque et appartiennent même à l'espèce humaine.

Et cependant, ce petit espace, embrassant huit ou dix milles de circonférence au plus, était autrefois le paradis des poètes, car ce n'est pas Virgile seul qui en parle; c'est Properce qui, au lever de l'aurore, a visité ces beaux champs de roses (1); c'est Ovide qui y conduit Myscèle, fils d'Alémon, et qui lui fait voir Leucosie, et les plaines tièdes et embaumées de Pestum (2); c'est Martial qui compare les lèvres de sa maîtresse à la fleur qu'ont déjà illustrée ses prédécesseurs (3); enfin c'est, quinze cents ans plus tard, Le Tasse, qui con-

(1) Vidi ego odorati victura rosaria Pæsti
    Sub matutino cocta jacere noto.
                    (PROP., liv. IV, *Élégie V.*)
(2) Leucosiam petit tepidique rosaria Pæsti.
                    (OVIDE, liv. XV, vers 708.)
(3) Pæstanis rubeant æmula labbia rosis.
                    (MARTIAL, liv. IV.)

duit au siége de la ville sainte le peuple adroit qui est né sur le sol où abondent les roses vermeilles et où les ondes merveilleuses du Silaro pétrifient les branches et les feuilles qui tombent dans son lit (1).

Voici ce que nous raconte Hérodote l'historien-poète.

C'était sous le règne d'Atys. Il y avait une grande famine en Lydie, royaume puissant de l'Asie mineure. Les Lydiens résolurent de se diviser en deux partis, et chaque parti prit pour chef un des deux fils du roi. Ces deux fils s'appelaient, l'aîné Lydus, et le cadet Tyrrhénus.

Cette division opérée, les deux chefs tirèrent au sort à qui resterait dans les champs paternels, à qui irait chercher d'autres foyers. Le sort de l'exil tomba sur Tyrrhénus, qui

---

(1) Qui vi insieme venia la gente esperta
    D'al suol che abbonda de vermiglie rose ;
    Là ve come si narro, e rami e fronde
    Silaro impetra con mirabil' onde.
                    (Tasse, *Ger. lib.*, liv 1er, ch. xi.)

partit avec la portion du peuple qui s'était attachée à son sort, et qui aborda avec elle sur les côtes de l'Ombrie, qui devinrent alors les côtes tyrrhéniennes.

Ce furent les fondateurs de Possidonia, l'aïeule de Pestum.

Aussi les temples de l'ancienne ville de Neptune font-ils le désespoir des archéologues, qui ne savent à quel ordre connu rattacher leur architecture : quelques-uns y voient une des antiques constructions chaldéennes dont parle la Bible, et les font contemporains des murs cyclopéens de la ville. Ces murs, composés de pierres larges, lisses, oblongues, placées les unes au-dessus des autres et jointes sans ciment, forment un parallélogramme de deux milles et demi de tour. Un débris de ces murs est encore debout ; et des quatre portes de Pestum, placées en angle droit, reste la porte de l'Est, à laquelle un bas-relief, représentant une sirène cueillant une rose, a fait donner le nom de *porte de la Sirène* : c'est un arc de quarante-six pieds de haut construit en pierres massives.

Quant aux temples, qui sont au nombre de quatre, mais dont l'un est tellement détruit qu'il est inutile d'en parler, ils étaient consacrés, l'un à Neptune et l'autre à Cérès; quant au troisième, ne sachant à quel dieu en faire les honneurs, on l'a appelé la Basilique.

Le temple de Neptune est le plus grand; on y montait par trois marches qui règnent tout à l'entour. Il est long de cent quatre-vingt-douze pieds : c'est non-seulement le plus grand, comme nous l'avons dit, mais encore, selon toute probabilité, le plus ancien de tous. Comme il est construit de pierres provenant en grande partie du sédiment du Silaro, et que ce sédiment se compose de morceaux de bois et d'autres substances pétrifiés, il a l'air d'être bâti en liége, quoique la date à laquelle il remonte puisse faire honte au plus dur granit.

Le temple de Cérès est le plus petit des trois, mais aussi c'est le plus élégant. Sa forme est un carré long de cent pieds sur quarante; il offre deux façades dont les six colonnes doriques soutiennent un entablement et un fronton. Chaque partie latérale, qui se compose de douze colonnes cannelées, supporte aussi un entablement et repose sans base sur le pavé.

La Basilique, dont, comme je l'ai dit, on ignore la destination primitive, a cent soixante-cinq pieds de longueur sur soixante-onze de large; elle offre deux façades dont chacune est ornée de neuf colonnes cannelées d'ordre dorique sans base, ses deux côtés présentent chacun seize colonnes de dix-neuf pieds de hauteur y compris le chapiteau.

Il existe bien encore aux environs quelque chose comme un théâtre et comme un amphithéâtre, mais le tout si ruiné, si inappréciable, et je dirai presque si invisible, que ce n'est pas la peine d'en parler.

Quelques jours avant notre arrivée, la foudre, jalouse sans doute de son indestructibilité, était tombée sur le temple de Cérès; mais elle y avait à peu près perdu son temps : tout ce qu'elle avait pu faire était de marquer son passage sur son front de granit en emportant quelques pierres de l'angle le plus aigu du fronton; encore l'homme s'était-il mis à l'instant même à l'œuvre pour faire disparaître toute trace de la colère de Dieu, et l'éternelle Babel n'avait-elle plus, à l'époque où nous la visitâmes, qu'une cicatrice qu'on reconnaissait à l'interruption de cette belle couleur feuille-morte qui dorait le reste du bâtiment.

Des paysans nous vendirent des pétrifications de fleurs et de nids d'oiseaux dont ils font un grand commerce, et que le fleuve, qui a conservé son ancienne vertu, leur fournit sans autre mise de fonds que celle de l'objet même qu'ils veulent convertir en pierre. Ce fleuve, qui contient une grande quantité de sel calcaire, s'appelait Silarus du temps des Romains, Silaro à l'époque du Tasse, et est appelé Sele aujourd'hui.

Il était décidé que partout où nous mettrions le pied nous nous heurterions à quelque histoire de voleurs sans jamais rencontrer les acteurs de ces formidables drames qui faisaient frémir ceux qui nous les racontaient. Un Anglais, nommé Hunt, se rendant avec sa femme de Salerne à Pestum quelque temps avant la visite que nous y fîmes nous-mêmes, fut arrêté sur la route par des brigands qui lui demandèrent sa bourse. L'Anglais, voyant l'inutilité de faire aucune résistance, la leur donna; et toutes choses, sauf cet emprunt forcé, allaient se passer amiablement, lorsque l'un des bandits aperçut une chaîne d'or au cou de l'Anglaise : il étendit la main pour la prendre; l'Anglais prit ce geste de convoitise pour un geste de luxure et repoussa violemment le bandit, lequel riposta à cette bourrade par un coup de pistolet qui blessa mortellement M. Hunt.

Satisfaits de cette vengeance, et craignant surtout sans doute que l'on ne vînt au bruit de l'arme à feu, les bandits se retirèrent sans faire aucun mal à mistress Caroline Hunt, que l'on retrouva évanouie sur le corps de son mari.

Il était trois heures à peu près lorsque nous

prîmes congé des ruines de Pestum. Comme pour débarquer nos marins furent obligés de nous prendre sur leurs épaules pour nous porter à la barque, nous y étions arrivés Jadin et moi à bon port, et il n'y avait plus que le capitaine à transporter, lorsque dans le transport le pied manqua à Pietro, qui tomba entraînant avec lui son camarade Giovanni et le capitaine par-dessus tout. Pour leur prouver qu'il avait été jusqu'au fond, le capitaine revint sur l'eau ayant dans chaque main une poignée de gravier qu'il leur jeta à la figure. Au reste, il était si bon garçon qu'il fut le premier à rire de cet accident, et à donner ainsi toute liberté à l'équipage, qui avait grande envie d'en faire autant.

Nous gouvernâmes sur Salerne, où nous devions coucher. J'avais jugé plus prudent de revenir de Salerne à Naples en prenant un calessino que de rentrer sur notre speronare, qui devait naturellement attirer bien autrement les yeux que la petite voiture populaire à laquelle je comptais confier mon incognito. On n'oubliera pas que je voyageais sous le nom de Guichard, et qu'il était défendu à M. Alex. Dumas, sous les peines les plus sévères, d'entrer dans le royaume de Naples, où il voyageait, au reste, fort tranquillement depuis trois mois.

Or, après avoir vu dans un si grand détail la Sicile et la Calabre, il eût été fort triste de n'arriver à Naples que pour recevoir l'ordre d'en sortir. C'est ce que je voulais éviter par l'humilité de mon entrée; humilité qu'il m'était impossible de conserver à bord de mon speronare, qui avait une petite tournure des plus coquettes et des plus aristocratiques. Je fis donc, comme on dit en termes de marine, mettre le cap sur Salerne, où nous arrivâmes vers les cinq heures. La patente et la visite des passe-ports nous prirent jusqu'à six heures et demie; de sorte que, la nuit étant presque tombée, il nous fut impossible de rien visiter le même soir. Comme nous voulions visiter à toute force Amalfi et l'église de la Cava, nous remîmes notre départ au surlendemain, en donnant pour le jour suivant rendez-vous à notre capitaine, qui devait nous retrouver à l'hôtel de la Vittoria, où nous étions descendus trois mois auparavant.

Salerne, comme la plupart des villes italiennes, vit sur son ancienne réputation. Son université, si florissante au douzième siècle, grâce à la science arabe qui s'y était réfugiée, n'est plus aujourd'hui qu'une espèce d'école destinée à l'étude des sciences exactes, et où quelques élèves en médecine apprennent tant bien que mal à tuer leur prochain. Quant à son port, bâti par Jean de Procida, ainsi que l'atteste une inscription que l'on retrouve dans la cathédrale, il pouvait être de quelque importance au temps de Robert Guiscard ou de Roger; mais aujourd'hui celui de Naples l'absorbe tout entier, et à peine est-il cinq ou six fois l'an visité par quelques artistes qui, comme nous, viennent faire un pèlerinage à la tombe de Grégoire-le-Grand, ou par quelques patrons de barques génoises qui viennent acheter du macaroni.

C'est à l'église de Saint-Matteo qu'il faut chercher la tombe du seul pape qui ait à la fois mérité le double titre de grand et de saint. Après sa longue lutte avec les empereurs, l'apôtre du peuple vint se réfugier à Salerne, où il mourut en disant ces étranges paroles, qui, à douze cents ans de distance, font le pendant de celles de Brutus.—J'ai aimé la justice, j'ai haï l'iniquité; voilà pourquoi je meurs en exil: *Dilexi justitiam, et odivi iniquitatem ; propterea morior in exilio.*

Une chapelle est consacrée à ce grand homme, dont la mémoire, à peu de chose près, est parvenue à détrôner saint Matthieu, et s'est emparé de toute l'église comme elle a fait du reste du monde. Il est représenté debout sur son tombeau, dernière allusion de l'artiste à l'inébranlable constance de ce Napoléon du pontificat.

A quelques pas de ce tombeau s'élève celui du cardinal Caraffa, qui, par un dernier trait d'indépendance religieuse, a voulu être enterré, mort, près de celui dont, vivant, il avait été le constant admirateur.

Au reste, l'église de Saint-Matthieu est plutôt un musée qu'une cathédrale. C'est là qu'on retrouve les colonnes et les bas-reliefs qui manquent aux temples de Pestum, et que Robert Guiscard arracha de sa main à l'antiquité pour en parer le moyen-âge; dépouilles de Jupiter, de Neptune et de Cérès, dont le vainqueur normand fit un trophée à l'historien et à l'apôtre du Christ.

Outre son dôme et son collége, Salerne possède six autres églises, une maison des orphelins, un théâtre et deux foires; ce qui, en mars et en septembre, rend pendant quelques jours à la Salerne moderne l'existence galvanique de la Salerne d'autrefois.

Nous n'avions pas le temps d'aller jusqu'au monastère de la Trinité; mais nous voulions visiter au moins la petite église qui se trouve sur la route, et à laquelle se rattache une de ces poétiques traditions comme les souverains normands en écrivaient avec la pointe de leur épée. Un jour que Roger, premier fils de Tancrède et père de Roger II, qui fut roi de Sicile, montait au monastère de la Trinité avec le pape Grégoire VII, le pape, fatigué de la route, descendit de la mule qu'il montait et s'assit sur un rocher. Alors Roger descendit à son tour de son cheval, et, tirant son épée, il traça une ligne circulaire autour de la pierre où se reposait le souverain pontife; puis, cette ligne tracée, il dit : — Ici il y aura une église. L'église s'éleva à la parole du grand comte, comme on l'appelait; et aujourd'hui, au-devant de l'autel du milieu du chœur, on voit encore sortir la pointe du rocher où s'assit Grégoire-le-Grand.

Voilà ce que faisait Roger le grand comte pour un pape exilé et fugitif : c'était alors l'ère puissante de l'Église. Cent ans plus tard, Colonna souffletait Boniface VIII sur le trône pontifical.

En descendant de l'église nous retrouvâmes heureusement notre speronare dans le port de Salerne. Nous nous étions informés des moyens de nous rendre à Amalfi, et nous avions appris qu'une voiture, fût-ce même un calessino, ne pouvait nous conduire que jusqu'à la Cara, et qu'arrivés là il nous faudrait faire cinq à six milles à pied pour atteindre Amalfi, qui, communiquant habituellement par mer avec Salerne sa voisine de gauche, et Sorrente sa voisine de droite, a jugé de toute inutilité de s'occuper de la confection d'un chemin carrossal pour se rendre à l'une et à l'autre de ces deux villes; nous remontâmes donc à bord, et à la nuit tombante nous sortîmes du port de Salerne pour nous réveiller dans celui d'Amalfi.

Amalfi, avec ses deux ou trois cents maisons éparses sur la rive, ses roches qui la dominent, et son château en ruines qui domine ses roches, est d'un charmant aspect pour le voyageur qui y arrive par mer; elle se dessine alors en amphithéâtre et présente d'un seul coup d'œil toutes ses beautés qui lui ont mérité d'être citée par Boccace comme une des plus délicieuses villes de l'Italie : c'est que du temps de Boccace Amalfi était presqu'une reine, tandis qu'aujourd'hui Amalfi est à peine une esclave. Il est vrai qu'elle a toujours ses bosquets de myrtes et ses massifs d'orangers; il est vrai qu'après chaque pluie d'été elle retrouve ses belles cascades, mais ce sont là les dons de Dieu que les hommes n'ont pu lui ôter : tout le reste, grandeur, puissance, commerce, liberté, tout ce reste, elle l'a perdu, et il ne lui reste que le souvenir de ce qu'elle a été, c'est-à-dire ce que le ver du cercueil serait au cadavre, si le cadavre pouvait sentir que le ver le ronge.

En effet, peu de villes ont un passé comme celui d'Amalfi.

En 1135 on y trouve les *Pandectes* de Justinien.

En 1302 Flavio Gioja y invente la boussole.

Enfin, en 1622, Masaniello y voit le jour.

Ainsi, le principe de toute loi, la base de toute navigation, le germe de toute souveraineté populaire, prennent naissance dans ce petit coin du monde qui n'a plus aujourd'hui pour le consoler de toutes ses grandeurs passées que la réputation de faire le meilleur macaroni qui se pétrisse de Chambéry à Reggio, du Mont-Cenis au mont Etna.

Entre ses cascades est une fonderie où l'on fabrique le fer qui se tire de l'île d'Elbe, cet autre royaume déchu, qui ne subsistera dans l'histoire que pour avoir servi dix mois de piedestal à un géant.

C'est à Atrani, petit village situé à quelques centaines de pas d'Amalfi, que naquit Thomas Aniello, dont, par une abréviation familière au patois napolitain, on a fait Masaniello. Outre ce souvenir, auquel nous reviendrons, Atrani offre comme art un des monuments les plus curieux que présente l'Italie : ce sont les bas-reliefs en bronze des portes de l'église de San-Salvatore, et qui datent de 1087, époque où la république d'Amalfi était arrivée à son apogée. Ces portes, consacrées à saint Sébastien, furent commandées par Pantaleone Viaretta, pour le rachat de son âme : *pro mercede animæ suæ*. Je m'informai, mais inutilement, du crime qui avait mis l'âme du seigneur Pantaleone en état de péché mortel, on l'avait oublié, en songeant sans doute que, quel qu'il fût, il était dignement racheté.

Si populaire que soit en France le nom de Masaniello, grâce au poëme de Scribe, à la musique d'Auber et à la révolution de Belgique, on nous permettra, quand nous en serons là, de nous arrêter sur la place du Marché-Neuf à Naples, pour donner quelques détails inconnus, peut-être, sur ce héros des lazzaronis, roi pendant huit jours, insensé pendant quatre, massacré comme un chien, traîné aux gémonies comme un tyran, apothéosé comme un grand homme et révéré comme un saint.

Le château qui domine la ville, et dont nous avons déjà parlé, est un ancien fort romain, des ruines duquel on embrasse un panorama admirable. Nous y étions vers les trois heures de l'après-midi, lorsque, au-dessous de nous, nous vîmes notre speronare qui appareillait, et qui bientôt s'éloigna du rivage pour aller nous attendre à Naples. Nous échangeâmes des signaux avec le capitaine, qui, voyant flotter des mouchoirs au haut de la vieille tour que nous avions gravie à grand'peine, pensa qu'il n'y avait que nous qui fussions assez niais pour risquer notre cou dans une pareille ascension, et qui nous répondit de confiance. Nous fûmes aussi remarqués par Pietro, qui se mit aussitôt à danser une tarentelle à notre honneur. C'était la première fois que nous le voyions se livrer à cet exercice depuis l'échec qu'il avait éprouvé à San-Giovanni le soir du fameux tremblement de terre.

Au reste, par une de ces singularités inexplicables qui se représentent si souvent dans des cas pareils; quoique les sources de ce cataclysme fussent, selon toute probabilité, dans les foyers souterrains du Vésuve et de l'Etna, Reggio, voisine de l'une de ces montagnes, et Salerne, voisine de l'autre, n'avaient éprouvé qu'une légère secousse, tandis que, comme on l'a vu, Cosenza, située à moitié chemin de ces deux volcans, était à peu près ruinée.

Nous n'eûmes pas besoin de redescendre

jusqu'à Amalfi pour trouver un guide : deux jeunes pâtres gardaient quelques chèvres au pied d'une église voisine du fort romain, l'un d'eux mit son petit troupeau sous la garde de l'autre, et, sans vouloir faire de prix, s'en rapportant à la générosité de nos excellences, se mit à trotter devant nous sur le chemin présumé de la Cava; je dis présumé, car aucune trace n'existait d'abord d'une communication quelconque entre les deux pays; enfin nous arrivâmes à un endroit où une espèce de sentier commençait à se dessiner imperceptiblement; cette apparence de route était le chemin; deux heures après nous étions dans la ville bien-aimée de Filangieri, qui y composa en grande partie son célèbre traité de la Science de la législation.

En récompense de sa peine notre guide reçut la somme de cinq carlins; à sa joie nous nous aperçûmes que notre générosité dépassait de beaucoup ses espérances : il nous avoua même que, de sa vie, il ne s'était vu possesseur d'une pareille somme; et peu s'en fallut que la tête ne lui tournât comme à son compatriote Masaniello.

Le même soir nous fîmes prix avec le propriétaire d'un calessino, qui, moyennant une piastre, devait nous conduire le lendemain à Naples. Comme il y a une douzaine de lieues de la Cava à la capitale du royaume des Deux-Siciles, une des conditions du traité fut qu'à moitié chemin, c'est-à-dire à Torre dell'Annunziata, nous trouverions un cheval frais pour achever la route. Notre cocher nous jura ses grands dieux qu'il possédait justement à cet endroit une écurie où nous trouverions dix chevaux pour un, et, moyennant cette assurance, nous reçûmes ses arrhes.

Je ne sais pas si j'ai dit qu'en Italie, tout au contraire de la France, ce ne sont point les voyageurs, mais les voituriers qui donnent des arrhes; sans cela, soit caprice, soit paresse, soit marché meilleur qu'ils pourraient rencontrer, on ne serait jamais sûr qu'ils partissent.

C'est ici peut-être l'occasion de dire quelques paroles de cette miraculeuse locomotive qu'on désigne, de Salerne à Gaëte, sous le nom de *calessino*, et que je ne crois pas que l'on retrouve dans aucun lieu du monde.

Le calessino a, selon toute probabilité, été destiné, par son inventeur, au transport d'une seule personne. C'est une espèce de tilbury peint de couleurs vives et dont le siége a la forme d'une grande palette de soufflet à laquelle on ajouterait les deux bras d'un fauteuil. Quand le calessino touchait à son enfance, le propriétaire primitif s'asseyait entre ces deux bras, s'adossait à cette palette et conduisait lui-même : voilà, du moins, ce que semblent m'indiquer les recherches profondes que j'ai faites sur les premiers temps du calessino.

Dans notre époque de civilisation perfectionnée, le calessino charrie d'ordinaire, toujours attelé d'un seul cheval, et sans avoir rien changé à sa forme, de dix personnes au moins à quinze personnes au plus. Voici comment la chose s'opère. Ordinairement, un gros moine, au ventre arrondi et à la face rubiconde, occupe le centre de l'agglomération d'êtres humains que le calessino emporte avec lui au milieu du tourbillon de poussière qu'il soulève sur la route. Derrière le moine, auquel tout se rattache et correspond, est le cocher conduisant debout, tenant la bride d'une main et son long fouet de l'autre; sur un des genoux du moine est, presque toujours, une fraîche nourrice avec son enfant; sur l'autre genou, une belle paysanne de Sorrente, de Castellamare ou de Resina. Sur chacun des bras du soufflet où est assis le moine se casent deux hommes, maris, amants, frères ou cousins de la nourrice et de la paysanne. Derrière le cocher se hissent, à la manière des laquais de grande maison, deux ou trois lazzaronis, aux jambes et aux bras nus, couverts d'une chemise, d'un caleçon et d'un gilet; leur bonnet rouge sur la tête, leur amulette au cou. Sur les deux brancards se cramponnent deux gamins, guides aspirants, cicerone surnuméraires qui connaissent leur Herculanum à la lettre et leur Pompéia sur le bout du doigt.

Enfin, dans un filet suspendu au-dessous de la voiture grouille, entre les deux roues, quelque chose d'informe, qui rit, qui pleure, qui chante, qui se plaint, qui tousse, qui hurle; c'est un nid d'enfants de cinq à huit ans, qui appartiennent on ne sait à qui, qui vivent on ne sait de quoi, qui vont on ne sait où. Tout cela, moine, cocher, nourrice, paysanne, paysans, lazzaronis, gamins et enfants, font un total de quinze : calculez et vous aurez votre compte.

Ce qui n'empêche pas le malheureux cheval d'aller toujours au grand galop.

Mais si cette allure a ses avantages, elle a aussi ses désagréments : parfois il arrive que le calessino passe sur une pierre et envoie tout son chargement sur un des bas-côtés de la route.

Alors, chacun ne s'occupe que du moine. On le ramasse, on le relève, on le tâte, on s'informe s'il n'a rien de cassé; et lorsqu'on est rassuré sur son compte, la nourrice s'occupe de son nourrisson, le cocher de son cheval, les parents de leurs parents, les lazzaronis et les gamins d'eux-mêmes. Quant aux enfants du filet, personne ne s'en inquiète, s'il en manque, tant pis; la population est si riche dans cette bonne ville de Naples, qu'on en retrouvera toujours d'autres.

C'était dans une machine de ce genre que nous devions opérer notre voyage de la Cava à Naples; en nous pressant un peu, nous pouvions tenir, Jadin et moi, sur le siége, le cocher devait, comme d'habitude, se tenir derrière nous, et Milord se coucher à nos pieds.

De plus, et pour surcroît de précaution, nous devions, comme nous l'avons dit, changer de cheval à Torre dell'Annunziata; c'étaient les conventions faites, du moins, et pour répondre de l'exécution desquelles le cocher nous avait donné des arrhes.

A sept heures, heure indiquée, le calessino était à la porte de l'hôtel. Il n'y avait rien à dire pour l'exactitude : d'un autre côté, le siége était vide et les brancards solitaires; le malheureux cheval, qui ne pouvait croire à une pareille bonne fortune, secouait ses grelots d'un air de joie mêlé de doute. Nous montâmes, Jadin, moi et Milord; nous prîmes nos places, le cocher prit la sienne, puis il fit entendre un petit roulement de lèvres, pareil à celui dont le chasseur se sert pour faire envoler les perdreaux, et nous partîmes comme le vent.

Au bout d'un instant, Milord manifesta de l'inquiétude : il se passait immédiatement au-dessous de lui quelque chose qui ne lui semblait pas naturel. Bientôt il fit entendre un grognement sourd, suivi d'un froncement de lèvres qui découvrait ses deux mâchoires depuis les premières canines jusqu'aux dernières molaires : c'était un signe auquel il n'y avait pas à se tromper; aussi, presque aussitôt, Milord fit une volte. Mais, à notre grand étonnement, il tourna sur lui-même comme sur un pivot : sa queue était passée à travers la natte qui formait le plancher du calessino, et une force supérieure l'empêchait de rentrer en possession de cette partie de sa personne de laquelle, d'ordinaire, il était fort jaloux.

Des éclats de rire, qui suivirent immédiatement le mouvement infructueux de Milord, nous apprirent à qui il avait affaire. Nous avions négligé de visiter le filet qui pendait au-dessous de la voiture, et, pendant qu'elle attendait à la porte, il s'était rempli de son chargement ordinaire.

Jadin était furieux de l'humiliation que venait d'éprouver Milord ; mais je le calmai avec les paroles du Christ : Laissez venir les enfants jusqu'à moi. Seulement, on s'arrêta et on fit des conditions avec les usurpateurs ; il fut convenu qu'on les laisserait dans leur filet et qu'ils y demeureraient parfaitement inoffensifs à l'endroit de Milord. Le traité conclu, nous repartîmes au galop.

Nous n'avions pas fait cent pas, qu'il nous sembla entendre notre cocher dialoguer avec un autre qu'avec son cheval ; nous nous retournâmes, et nous vîmes une seconde tête au-dessus de son épaule : c'était celle d'un marinier de Pouzzoles qui avait saisi le moment où nous nous étions arrêtés pour profiter de l'occasion qui se présentait, de revenir jusqu'à Naples avec nous. Notre premier mouvement fut de trouver le moyen un peu sans gêne et de le prier de descendre; mais avant que nous n'eussions ouvert la bouche, il avait, d'un ton si câlin, souhaité le bonjour à nos excellences, que nous ne pouvions pas répondre à cette politesse par un affront; nous le laissâmes donc au poste qu'il avait conquis par son urbanité, mais en recommandant au cocher de borner là sa libéralité.

Un peu au delà de Nocera, un gamin sauta sur notre brancard en nous demandant si nous ne nous arrêtions pas à Pompéia, et en nous offrant de nous en faire les honneurs. Nous le remerciâmes de sa proposition obligeante; mais comme il entrait dans nos projets de nous rendre directement à Naples, nous l'invitâmes à aller offrir ses services à d'autres qu'à nous; il nous demanda alors de permettre qu'il restât où il était jusqu'à Pompéia. La demande était trop peu ambitieuse pour que nous la lui refusassions: le gamin demeura sur son brancard. Seulement, arrivé à Pompéia, il nous dit, qu'en y réfléchissant bien, c'était à Torre dell'Annunziata qu'il avait affaire, et qu'avec notre permission il ne nous quitterait que là. Nous eussions perdu tout le mérite de notre bonne action en ne la poursuivant pas jusqu'au bout. La permission fut étendue jusqu'à Torre dell'Annunziata.

A Torre dell'Annunziata nous nous arrêtâmes, comme la chose était convenue, pour déjeuner et pour changer de cheval. Nous déjeunâmes d'abord tant bien que mal, le lacrima christi ayant fait compensation à l'huile épouvantable avec laquelle tout ce qu'on nous servit était assaisonné; puis nous appelâmes notre cocher, qui se rendit à notre invitation de l'air le plus dégagé du monde. Nous ne doutions donc pas que nous ne pussions nous remettre immédiatement en route, lorsqu'il nous annonça, toujours avec son même air riant, qu'il ne savait pas comment cela se faisait, mais qu'il n'avait pas trouvé à Torre dell'Annunziata le relais sur lequel il avait cru pouvoir compter. Il est vrai, s'il fallait l'en croire, que cela n'importait en rien, et que le cheval ne se serait pas plutôt reposé une heure, que nous repartirions plus vite que nous n'étions venus. Au reste, l'accident, nous assurait-il, était des plus heureux, puisqu'il nous offrait une occasion de visiter Torre dell'Annunziata, une des villes, à son avis, les plus curieuses du royaume de Naples.

Nous nous serions fâchés que cela n'aurait avancé à rien. D'ailleurs, il faut le dire, il n'y a pas de peuple à l'endroit duquel la colère soit plus difficile qu'à l'endroit du peuple de Naples; il est si grimacier, si gesticulateur, si grotesque, qu'autant vaut chercher dispute à polichinelle. Au lieu de gronder notre cocher, nous lui abandonnâmes donc le reste de notre fiasco de lacrima christi; puis nous passâmes à l'écurie, où nous fîmes donner devant nous double ration d'avoine au cheval; enfin, pour suivre le conseil que nous venions de recevoir, nous nous mîmes en quête des curiosités de Torre dell'Annunziata.

Une des choses les plus curieuses du village est le village lui-même. Ainsi nommé d'une chapelle érigée en 1319 et d'une tour que fit élever Alphonse Ier, il fut brûlé je ne sais combien de fois par la lave du Vésuve et, comme sa voisine, Torre del Greco, rebâti toujours à la même place. De plus, et pour compliquer sans doute encore ses chances de destruction, le roi Charles III y établit une fabrique de poudre; si bien qu'à la dernière irruption les pauvres diables qui l'habitaient, placés entre le volcan de Dieu et celui des hommes, manquèrent à la fois de brûler et de sauter, ce qui, grâce à la prévoyance de leur souverain, offrait du moins à leur mort une variante que les autres n'avaient point.

Le seul monument de Torre dell'Annunziata, à part celui qui lui a fait donner son nom et dont il ne reste d'ailleurs que des ruines, est sa coquette église de Saint-Martin, véritable bonbonnière à la manière de Notre-Dame de Lorette. Les fresques qui la couvrent et les tableaux qui l'enrichissent sont de Lanfranc, de l'Espagnolet, de Stanzioni, du cavalier d'Aspino et du Guide; ce dernier, arrêté par la mort, n'eut pas le temps de terminer la toile de la Nativité qu'il peignait pour le maître-autel.

Au-dessus de la porte est la fameuse Déposition de la croix par Stanzioni, laquelle doit sa réputation plus encore à la jalousie qu'elle inspira à l'Espagnolet qu'à son mérite réel. Cette jalousie était telle, que ce dernier, ayant donné aux moines à qui elle appartenait le conseil de la nettoyer, mêla à l'eau dont ils se servirent une substance corrosive qui la brûla en plusieurs endroits. Stanzioni aurait pu réparer cet accident, les moines désolés l'en supplièrent, mais il s'y refusa toujours afin de laisser cette tache à la vie de son rival.

Au reste, c'était une chose curieuse que ces haines de peintre à peintre, et qu'on ne retrouve que parmi eux: Masaccio, le Dominiquin et Barroccio meurent empoisonnés; deux élèves de Geni, élève du Guide, attirés sur une galère, disparaissent sans que jamais on ait pu apprendre ce qu'ils étaient devenus; le Guide et le chevalier d'Arpino, menacés d'une mort violente, sont obligés de s'enfuir de Naples en laissant leurs travaux interrompus; enfin le Giorgione dut la vie à la cuirasse qu'il portait sur sa poitrine, et le Titien au couteau de chasse qu'il portait au côté.

Il est vrai aussi que c'était le temps des chefs-d'œuvre.

En revenant à l'hôtel, nous retrouvâmes notre calessino attelé : le pauvre cheval avait eu un repos de deux heures et double ration d'avoine, mais sa charge s'était augmentée de deux lazzaronis et d'un second gamin.

Nous vîmes qu'il était inutile de protester contre l'envahissement, et nous résolûmes au contraire de le laisser aller sans aucunement nous y opposer. En arrivant à Resina nous étions au complet, et rien ne nous manquait pour soutenir la concurrence avec les nationaux, pas même la nourrice et la paysanne; au reste, soit habitude, soit l'effet de la double ration d'avoine, la charge toujours croissante n'avait point empêché notre cheval d'aller toujours au galop.

A mesure que nous approchions, nous entendions s'augmenter la rumeur de la ville. Le Napolitain est sans contredit le peuple qui fait le plus de bruit sur la surface de la terre : ses églises sont pleines de cloches, ses chevaux et ses mules tout festonnés de grelots; ses lazzaronis, ses femmes et ses enfants ont des gosiers de cuivre; tout cela sonne, tinte, crie éternellement. La nuit même, aux heures où toutes les autres villes dorment, il y a toujours quelque chose qui remue, s'agite et frémit à Naples. De temps en temps une voix puissante fait le second dessus de toutes ces rumeurs, c'est le Vésuve qui gronde et qui prend part au concert éternel; mais quelques efforts qu'il tente, il ne le fait pas taire, et n'est qu'un bruit plus terrible et plus menaçant mêlé à tous ces bruits.

Notre suite, au reste, nous quittait comme elle s'était jointe à nous, oubliant de nous dire adieu comme elle avait oublié de nous dire bonjour, ne comprenant pas sans doute que chacun n'eût point sa part au calessino comme chacun a sa part au soleil. Au pont de la Maddalena, les deux gamins sautèrent à bas des brancards ; à la fontaine des Carmes, nous nous arrêtâmes pour laisser descendre la nourrice et la paysanne ; au Mole, nos deux lazzaronis se laissèrent couler à terre ; à Mergellina, notre pêcheur disparut. En arrivant à l'hôtel, nous croyons n'être plus possesseurs que des enfants du filet, lorsqu'en regardant sous la voiture nous vîmes que le filet était vide. Grâce à nous, chacun était arrivé à sa destination.

Grâce à notre équipage et à notre suite, on n'avait pas fait attention à nous, et nous étions rentrés à Naples sans qu'on nous eût même demandé nos passe-ports.

Comme à notre première arrivée, nous descendîmes à l'hôtel de la Vittoria, le meilleur et le plus élégant de Naples, situé à la fois sur Chiaja et sur la mer ; et le même soir, au clair de la lune, nous crûmes reconnaître notre speronare, qui se balançait à l'ancre à cent pas de nos fenêtres.

Nous ne nous étions pas trompés : le lendemain, à peine étions-nous levés qu'on nous annonça que le capitaine nous attendait accompagné de tout son équipage. Le moment était venu de nous séparer de nos braves matelots.

Il faut avoir vécu pendant trois mois isolés sur la mer et d'une vie qui n'est pas sans danger pour comprendre le lien qui attache le capitaine au navire, le passager à l'équipage. Quoique nos sympathies se fussent principalement fixées sur le capitaine, sur Nunzio, sur Giovanni, sur Philippe et sur Pietro, tous au moment du départ étaient devenus nos amis; en touchant son argent le capitaine pleurait, en recevant leur bonne main les matelots pleuraient, et nous, Dieu me pardonne ! quelque effort que nous fissions pour garder notre dignité, je crois que nous pleurions aussi.

Depuis ce temps nous ne les avons pas revus, et peut-être ne les reverrons-nous jamais. Mais qu'on leur parle de nous, qu'on s'informe auprès d'eux des deux voyageurs français qui ont fait le tour de la Sicile pendant l'année 1835, et je suis sûr que notre souvenir sera aussi présent à leur cœur que leur mémoire est présente à notre esprit.

Dieu garde donc de tout malheur le joli petit speronare qui navigue de Naples à Messine sous l'invocation de la *Madone du pied de la grotte.*

FIN DU SECOND VOLUME.

TABLE DES CHAPITRES.

Chap. X. Le prophète 1
       XI. Térence le tailleur 35
      XII. Le Pizzo. 83
     XIII. Maïda. 139
     XIV. Bellini 171
      XV. Cosenza 193
     XVI. Terre Moti 225
    XVII. Retour. 273

www.ingramcontent.com/pod-product-compliance
Lightning Source LLC
Chambersburg PA
CBHW071254160426
43196CB00009B/1283